Hartmut Lange

# Wie kann ich das ausdrücken?

Materialien
zur mündlichen und schriftlichen
Kommunikation
im Deutschunterricht

5.–7. Schuljahr

mit Kopiervorlagen

**Persen Verlag GmbH**

**Der Autor:**

**Hartmut Lange** – geboren 1947 in Dessau, studierte an der Friedrich-Schiller-Universität in Jena Germanistik und Anglistik. 1989 Promotion zum doctor paedagogicae. Nach mehrjähriger Beschäftigung als Dozent für Deutsche Sprache und Sprecherziehung unterrichtet er seit 1992 Deutsch und Englisch an einem Gymnasium in Mecklenburg-Vorpommern.

Gedruckt auf umweltbewusst gefertigtem, chlorfrei gebleichtem
und alterungsbeständigem Papier.

3. Auflage 2008
Nach den seit 2006 amtlich gültigen Regelungen der Rechtschreibung
© by Persen Verlag GmbH, Buxtehude
Alle Rechte vorbehalten

Illustrationen: Andrea Frick-Snuggs
Satz: Andreas Mohrmann
Überarbeitung: MouseDesign Medien AG, Zeven

ISBN 978-3-8344-**3871**-3

www.persen.de

# Inhalt

# Übersicht über die Kopiervorlagen

* Die so  gekennzeichneten Kopiervorlagen erfordern selbstständiges Arbeiten (ohne Vorgaben).

# Vorwort

Ein wichtiges Ziel im Deutschunterricht ist es, bei den Schülerinnen und Schülern sprachlich-kommunikative Kompetenzen herauszubilden, durch die sie in die Lage versetzt werden, Sprachhandlungssituationen jeglicher Art zu bewältigen.

Sie sollen die Sprache als wichtigstes Kommunikationsmittel erkennen und nutzen lernen. Sie müssen zu der Erkenntnis geführt werden, dass sie mit ihren kommunikativen Fähigkeiten einen wesentlichen Einfluss auf ihre eigene soziale Position innerhalb der Gesellschaft haben.

In den ersten Schuljahren des Sekundarbereichs lernen die Schülerinnen und Schüler, kommunikative Situationen zu erfassen und Handlungsmuster verschiedener Verständigungsformen in mündlichen und schriftlichen Äußerungen der Kommunikationsintention entsprechend anzuwenden.

Der vorliegende Band soll den Unterricht im Lernbereich „mündliche und schriftliche Kommunikation" unterstützen, indem er ein vielgestaltiges Übungsmaterial zur Verfügung stellt, das zur Entwicklung und Festigung der sprachlich-kommunikativen Kompetenzen beiträgt. Die Kapitel des Buches entsprechen den wesentlichen zu vermittelnden Lerninhalten in den Klassen 5 bis 7:

    **1 Das Führen von Gesprächen**
    **2 Mündliches und schriftliches Erzählen**
    **3 Über Geschehnisse berichten**
    **4 Beschreiben von Vorgängen und Gegenständen**

Der Übungsaufbau soll sich an den entsprechenden Unterrichtsanforderungen orientieren und sich auf die in diesem Zusammenhang auftretenden Fehlerschwerpunkte konzentrieren.

Hauptaugenmerk wird dabei auf die Bewusstmachung der Einheit von **Kommunikationsabsicht, Kommunikationssituation** und **sprachlicher Gestaltung** gelegt.

So ist es wichtig, den Schülerinnen und Schülern z. B. bewusst zu machen, dass bei der **Führung von Gesprächen** der soziale Aspekt von großer Bedeutung ist, d. h., sie müssen lernen, ihr Gespräch dem Kommunikationspartner anzupassen.

Beim **Erzählen** wiederum ist es der unterhaltende Aspekt: Eine Erzählung kann nur dann zur Unterhaltung beitragen, wenn sie spannend ist. Möglichkeiten, das zu erreichen, sind z. B. die Höhepunktgestaltung und ein ausgewogenes Verhältnis zwischen innerer und äußerer Handlung.

**Berichten** und **Beschreiben** sollen möglichst sachlich und klar verständlich gestaltet werden.

Zu jedem Kapitel gehört auch ein Abschnitt „Der Zusammenhang zwischen Grammatik und Stil". Hier sind Übungen enthalten, in denen die Schülerinnen und Schüler ihr im Teilbereich Grammatik erworbenes Wissen zur Lösung bestimmter Kommunikationsaufgaben bewusst und gezielt einsetzen sollen. Dadurch werden sie zu der Erkenntnis geführt, dass fundierte grammatische Kenntnisse eine Grundvoraussetzung zur erfolgreichen Gestaltung von Kommunikationsprozessen sind, und sie gewinnen Sicherheit im Anwenden ihres grammatischen Wissens, was wiederum zur Festigung dieses Wissens selbst führt.

# 1 Das Führen von Gesprächen

## 1. 1 Inhaltliches Gestalten von Gesprächen

Ein Gespräch ist ein mündlicher Dialog zwischen zwei oder mehreren Kommunikationspartnern, bei dem jeder Partner sowohl Sprecher (Sender) als auch Hörer (Empfänger) ist. Wissen, Erfahrungen, Standpunkte müssen zumeist spontan kundgetan werden, weil man unmittelbar auf die Äußerungen anderer reagieren muss, indem man sie bestätigt, ergänzt, korrigiert, zurückweist o. Ä.

Die inhaltliche und sprachliche Gestaltung sowie das Verhalten der Personen, die am Gespräch beteiligt sind, hängen von verschiedenen Faktoren ab. Die wesentlichen sind:

- **Die Absicht**, mit der das Gespräch geführt wird (Kommunikationsabsicht)
  So kann man z. B. eine Auskunft erbitten, eine Entschuldigung, einen Dank oder einen Glückwunsch aussprechen, ein Unterhaltungsgespräch oder ein offizielles Gespräch zur Klärung eines Sachverhaltes, zur Beratung oder zur Anleitung zum Handeln führen.

- **Der Partner**, mit dem das Gespräch geführt wird (Kommunikationspartner)
  Man gestaltet die Gespräche unterschiedlich, je nachdem, ob die Partner miteinander vertraut oder fremd sind, ob sie eine gleichberechtigte Stellung haben oder ein Teilnehmer eine Vorrangstellung einnimmt.

- **Die Gesprächssituation** (Kommunikationssituation)
  Die Gesprächsgestaltung hängt auch davon ab, ob ein Gespräch mehr privaten oder mehr öffentlichen Charakter hat, wo es stattfindet, ob der Dialog zwischen zwei Partnern oder innerhalb einer Gruppe stattfindet.

Ein weiteres Charakteristikum der dialogischen sprachlichen Äußerung besteht darin, dass sich bestimmte Inhalte erst im Verlauf des Gespräches ergeben und entsprechende Strategien deshalb spontan entwickelt werden müssen. Trotzdem folgt auch das Gespräch bestimmten Prinzipien, zu denen in erster Linie die Gesprächsgliederung in Eröffnungsphase, Kernphase und Beendigungsphase gehört.

Zunächst sollte am Alltagsgespräch (Gespräch, um Auskunft zu erbitten, um Entschuldigung, Dank oder Glückwunsch auszudrücken, um sich zu unterhalten) gearbeitet werden, um grundsätzliche Vorgehensweisen beim dialogischen sprachlichen Gestalten zu schulen und die Grundlagen für das argumentative dialogische Gestalten (die Diskussion) zu schaffen.

Die Schülerinnen und Schüler erlernen Sprachmuster, die ihrer eigenen täglichen Sprachpraxis entlehnt sind, und wenden sie in entsprechenden Übungen an.

Zunächst sollte darauf eingegangen werden, wie man sich verhält, wenn man sich mit einem Anliegen an einen Gesprächspartner wendet. Es ist zu verdeutlichen, dass auch bei solchen kurzen, vergleichsweise unbedeutenden Gesprächen eine **Eröffnungsphase** (das Ansprechen des Partners), eine **Kernphase** (Äußern des eigentlichen Anliegens) und eine **Beendigungsphase** (das Bedanken) zu erfolgen hat.

Weiterhin ist auf die **Partnerbezogenheit** bei der Gestaltung derartiger Gespräche einzugehen. Die Schüler erkennen, dass man zu unterscheiden hat, ob man mit seinem Anliegen einen Erwachsenen anspricht oder einen Gleichaltrigen, einen Bekannten oder einen Fremden. Bei Erwachsenen sollte man besonders höflich sein, hochdeutsch und deutlich sprechen usw., während man bei Gleichaltrigen durchaus eine saloppere Form wählen kann, ohne dabei unhöflich zu sein.

Die Schülerinnen und Schüler üben das Führen von Unterhaltungsgesprächen, wobei sie lernen, Meinungen zu äußern und Standpunkte zu begründen. Dabei werden bestimmte Grundanforderungen an die Gesprächsführung gefestigt:

■ zuhören und ausreden lassen

■ auf das vorher Gesagte eingehen

■ den Gesprächspartnern gegenüber höflich auftreten

■ sich klar und knapp ausdrücken

■ sich um fehlerfreie sprachliche Gestaltung bemühen

■ deutlich sprechen

Davon ausgehend ist zu empfehlen, bei der Unterrichtsgestaltung zwei Schwerpunkte zu setzen: das Gestalten von Gesprächen zur Äußerung von Anliegen und das Gestalten von Gesprächen zur Meinungsäußerung.

## 1. 1. 1 Gestalten von Gesprächen zur Äußerung von Anliegen

Bei der Arbeit am Gestalten von Gesprächen zur Äußerung von Anliegen kann man von einem konkreten Beispiel aus dem Erfahrungsbereich der Schülerinnen und Schüler ausgehen und daran ein Gespräch darüber anknüpfen, was man zu beachten hat, wenn man anderen gegenüber ein Anliegen erfolgreich vorbringen will. Die Schülerinnen und Schüler werden zu der Erkenntnis geführt, dass es hierfür keine stereotype Vorgehensweise gibt, sondern dass vorher eine Analyse von Kommunikationsabsicht, Kommunikationspartner und Kommunikationssituation zu erfolgen hat und dass sich daraus unterschiedliche Vorgehensweisen ableiten.

Sie lernen, dass es aber auch unabhängig davon bestimmte Vorgehensmuster gibt, die bei jeglichem Gespräch anzuwenden sind.

Im Wesentlichen sind das:

■ Das Gespräch ist durch eine höfliche **Anrede** des Gesprächspartners zu eröffnen. Dafür gibt es keine starren Formeln, sondern es hängt von der Stellung zum Angesprochenen ab, wie die Höflichkeit zu gestalten ist.

■ Die Frage, Bitte oder Entschuldigung wird knapp, einfach und klar vorgetragen, wobei man sich darum bemühen sollte, deutlich zu sprechen.

■ Wenn die Frage beantwortet oder die Bitte erfüllt wurde, hat man sich am Ende des Gespräches zu **bedanken.** Auch das ist ein Gebot der Höflichkeit, wodurch man auch seine Achtung dem Gesprächspartner gegenüber zum Ausdruck bringt.

Die so erarbeiteten Erkenntnisse können nun in Übungen zur **Analyse von Gesprächssituationen** vertieft werden. Hier sind Beispiele unterschiedlicher Gespräche in unterschiedlichen Situationen dargestellt, deren Angemessenheit zu untersuchen ist. Der Schwerpunkt liegt hierbei auf der Gesprächseröffnung, da sich ja hier bereits entscheidet, ob ein Gespräch erfolgreich verlaufen wird oder nicht. Durch die Lösung der Aufgaben erkennen die Schülerinnen und Schüler den engen Zusammenhang zwischen Gesprächssituation und Gesprächgestaltung. Die Verinnerlichung der Ergebnisse schafft zudem die Grundlage für die eigene selbstständige Gestaltung derartiger Gespräche.

**Übungen zum selbstständigen Gestalten von Gesprächen** zum Äußern von Anliegen schließen die Arbeit an diesem Komplex ab. In Rollenspielen werden Situationen aus dem Erfahrungsbereich der Schülerinnen und Schüler nachgestellt. Anregungen hierzu siehe Kopiervorlage 4.

## 1. 1. 2 Gestalten von Gesprächen zur Meinungsäußerung

Bei der Arbeit an der Gestaltung von Gesprächen zur Meinungsäußerung werden die Schülerinnen und Schüler mit grundlegenden Elementen der Diskussion vertraut gemacht, ohne dass die Diskussion selbst bereits Arbeitsgegenstand ist. Sie lernen

- ihre Meinung höflich, aber auch klar und unmissverständlich zu äußern

- sich auf den Gesprächspartner einzustellen

- aufmerksam zuzuhören und den anderen ausreden zu lassen

- nicht irgendetwas zu sagen, sondern an den Vorredner anzuknüpfen.

Darüber hinaus üben sie sich auch hier in einer einwandfreien, der Gesprächssituation angemessenen Ausdrucksweise, in Klarheit und Knappheit der Äußerung und in deutlicher Aussprache.

Auch hier sollten zunächst Übungen im Analysieren vorgegebener Gesprächsbeispiele durchgeführt werden. Durch das Erfassen der Analyseergebnisse werden wichtige Grundlagen zur selbstständigen Gestaltung von Gesprächen zur Meinungsäußerung geschaffen.

Entsprechende Übungen stellen Gesprächssituationen aus dem Schüleralltag dar und können auch als Grundlage zur selbstständigen Gesprächsgestaltung dienen.

Ein Junge spricht einen Erwachsenen auf der Straße an, um zu fragen, wie spät es ist. Hier sind verschiedene Möglichkeiten, dieses Gespräch eröffnen.

**1** Welche hältst du für unpassend und warum?

**2** Würde die Auswahl anders ausfallen, wenn der Junge einen guten Bekannten anspricht?

Jens und Florian sind zu spät zum Unterricht gekommen. Jeder von ihnen hat sich auf eine andere Art und Weise entschuldigt.

**Florian:** Morgen! Entschuldigung, ich war beim Arzt.

**Jens:** Guten Morgen, liebe Frau Schröder, ich möchte ganz herzlich um Entschuldigung bitten, dass ich zu spät komme. Im Allgemeinen fahre ich ja mit dem Schulbus. Da aber mein Vater heute Morgen sowieso mit dem Auto hierher musste, hatte er mir vorgeschlagen, mich mitzunehmen. Auf halbem Wege stellte sich bei seinem Wagen ein Defekt ein. Die Reparatur dauerte so lange, dass wir zehn Minuten zu spät vor der Schule ankamen.

**❶** Was muss in Florians Entschuldigung unbedingt ergänzt werden, damit sie nicht mehr so unhöflich wirkt?

**❷** Die Entschuldigung von Jens ist sehr höflich. Aber auch sie muss geändert werden. Sie ist zu lang, der Unterricht wird unnötig lange unterbrochen. Außerdem wirkt sie außerordentlich übertrieben. Kürze sie!

**❸** Entwirf selbst eine Entschuldigung für das Zu-spät-Kommen im Unterricht.

Sich mit anderen bekannt machen oder zwei Personen miteinander bekannt machen kommt im Leben immer wieder vor. Dabei ist es besonders wichtig, den „richtigen Ton" zu treffen.

Dafür gibt es aber keine starren Regeln, sondern es hängt davon ab, unter welchen Umständen das Bekanntmachen erfolgt.

▶ **Ordne die folgenden Arten des Bekanntmachens den Situationen zu, zu denen sie passen.**

a) Ich möchte euch meine neue Freundin vorstellen. Das ist Claudia.

b) Hi, das ist Petra, meine neue Freundin!

c) Guten Morgen, ich möchte euch eure neue Mitschülerin vorstellen. Das ist Jenny.

e) Hallo, ich bin Ines.

d) Ich möchte mir erlauben, Ihnen Frau Martina Schmidt vorzustellen.

f) Ich möchte mich Ihnen gern vorstellen, mein Name ist Ines Sauer.

g) Ich heiße Frank Krug, nett, dich kennenzulernen.

**Situationen:**

1) Der Klassenlehrer stellt eine neue Mitschülerin vor. ☐

2) Ich komme mit einer neuen Freundin zum Treffen mit anderen Freunden. ☐

3) Ein Mitarbeiter stellt seinem Chef eine Bekannte vor. ☐

4) Jemand stellt seinen Eltern eine neue Bekannte vor. ☐

5) Eine neue Mitschülerin kommt in der Pause in die Klasse. ☐

6) Eine neue Schülerin stellt sich dem Schulleiter vor. ☐

7) Nachdem ich mit jemandem bekannt gemacht wurde, stelle ich mich nun selbst vor. ☐

▶ Formuliere Bekanntmachungen, die zu folgenden Situationen passen.

**1** Du möchtest im Urlaub den Jungen, der mit seinen Eltern im Nachbarzimmer wohnt, näher kennenlernen und stellst dich erst einmal vor.

**2** Dein erster Tag an einer neuen Schule beginnt. Du stellst dich zuerst dem Schulleiter vor.

**3** Du bringst einen neuen Freund mit zu eurem Klub und stellst ihn den anderen vor.

**4** Du nimmst eine neue Klassenkameradin zum Hausaufgabenmachen mit nach Hause und stellst sie zunächst deiner Mutter vor.

**5** Deine Eltern stellen sich dem deinem neuen Klassenlehrer vor. (Was müssten sie sagen?)

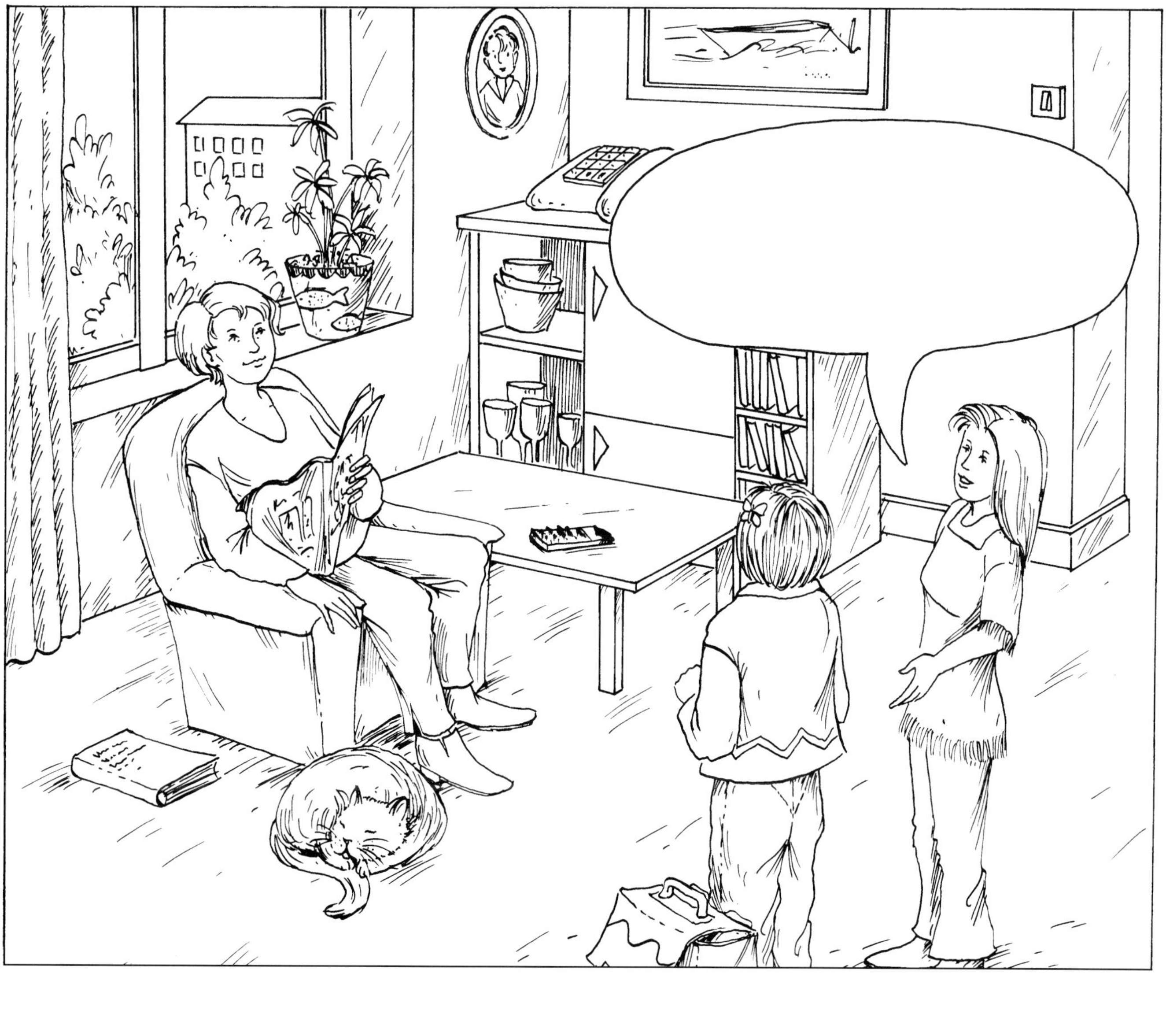

Wenn ein Gespräch dem Meinungsaustausch dient, sollte man zwar nicht zu zurückhaltend sein, aber man muss trotzdem ein gewisses Maß an Formen wahren.

Wenn du dieses Gespräch liest, merkst du, dass sich Steffi und Julia nicht immer an die „goldenen Regeln" einer guten Gesprächsführung halten.

**Steffi:** Mann, die Mathearbeit war total schwer!

**Carolin:** Ja sicher, leicht war sie nicht, aber es war durchaus zu schaffen.

**Steffi:** Na, das ist wieder typisch, du Streber hast natürlich wieder alles gewusst.

**Carolin:** Das hat nichts mit Streber zu tun. Man musste nur …

**Steffi:** Ach nee? Willst du verhindertes Mathe-Ass vielleicht behaupten, dass man die Arbeit auch ohne Lernen gepackt hätte?

**Julia:** Ich habe gestern auf der Geburtstagsparty meiner Freundin einen Jungen kennengelernt, der war …!

**Steffi:** Sag mal, tickst du noch richtig? Wir sprechen hier über unsere Mathearbeit und du sülzt uns hier die Ohren voll von irgendeinem süßen Jungen!

**Carolin:** Ich wollte eigentlich nur sagen, dass man die meisten Aufgaben durch gründliches Überlegen und logisches Denken lösen konnte.

**Steffi:** Ja, ja, das Fräulein Neunmalklug hat alles durch logisches Denken gelöst. In Wirklichkeit hast du das ganze Wochenende nichts anderes gemacht als Mathe gepaukt.

**Carolin:** Julia, fandest du auch, dass die Mathearbeit zu schwer war?

**Julia:** Ich sage euch, so einen süßen Jungen habe ich noch nicht gesehen. Er hat mir auch versprochen gleich zu schreiben, wenn er wieder zu Hause ist.

**Carolin:** Mit der ist heute nichts anzufangen. Pass auf, Steffi, ich komme heute Nachmittag zu dir und dann gehen wir Aufgaben mal gemeinsam durch.

**Steffi:** Na prima, jetzt, wo es zu spät ist! Aber zum Schaden kann es ja nicht sein. Dann hilft es vielleicht für die nächste Arbeit. Also dann bis heute Nachmittag bei mir!

▶ **Schreibe hier auf, was die Mädchen falsch machen.**

Steffi lässt _____ .

Außerdem ist sie _____ .

Bei Julia merkt man, dass sie _____ .

Hartmut Lange: Wie kann ich das ausdrücken?
© Persen Verlag GmbH, Buxtehude

▶ Lies dir dieses Gespräch genau durch und schreibe auf, wer gegen welche Regeln einer guten Gesprächsführung verstößt.
Welche Schülerin/Welcher Schüler hält sich deiner Meinung nach im Großen und Ganzen an die Regeln?

**Erik:** Habt ihr gestern den Film gesehen, wo die Hexe ihre Katze …?

**Fred:** Ich fasse es nicht, solchen Kinderkram guckst du dir noch an! Das ist doch wirklich etwas für Drei-jährige.

**Maria:** Du Blödmann bist scheinbar selber nicht viel schlauer als ein Dreijähriger, sonst hättest du mitge-kriegt, dass das ein sehr spannender Krimi war. Hexe war nur der Spitzname für die Täterin. Aber das hast du Hirni natürlich wieder nicht kapiert.

**Stefan:** He, ich weiß einen erstklassigen Witz: Kommt ein Mann in den Supermarkt …

**Maria:** Sag mal, du abgebrochener Geistesriese, bist du taub? Wir sprechen gerade über den Krimi von gestern, da kommst du mit deinem blöden Witz.

**Erik:** Na lass ihn doch, vielleicht ist er ja ganz lustig. Das, was ich sagen wollte, war sowieso …

**Fred:** Na, dann leg mal los mit deinem prima Witz! Aber wehe dir, wenn ich ihn schon kenne.

**Maria:** Du Klugscheißer nun wieder. Woher soll Stefan denn wissen, welche Witze du schon kennst?

**Stefan:** Übrigens habe ich mir gestern ein Paar Markenturnschuhe gekauft.

**Maria:** Ein toller Witz, ich lache mich tot!

**Erik:** Stefan, erzähl uns doch erst mal den Witz. Dann kannst du uns immer noch von deinem Einkauf berichten … Schade, es klingelt, die Pause ist leider um.

Erik: _____

Fred: _____

Maria: _____

Stefan: _____

## 1. 2  Selbstständiges Gestalten von Gesprächen

Im Mittelpunkt der Arbeit an diesem Schwerpunkt steht die selbstständige Gestaltung von Gesprächen durch die Schülerinnen und Schüler.

In Rollenspielen führen sie Gespräche, die den Erfordernissen ihres täglichen Lebens entsprechen, die zu führen sie immer wieder gezwungen sind.

Dabei gewinnen sie wachsende Sicherheit in der richtigen Einschätzung von Kommunikationsabsicht, -situation und -partner und dem Entwickeln der sich daraus ableitenden Gesprächsstrategien.

Die sich dem jeweiligen Rollenspiel anschließende „Auswertung" unter Einbeziehung aller Beteiligten festigt darüber hinaus deren Analysefähigkeit einschließlich der Fähigkeit zum Schlussfolgern für die weitere Gestaltung von Gesprächen.

Die auf **Kopiervorlage 7** aufgeführten Themen sind nur Anregungen und sollten vom Fachlehrer entsprechend der konkreten aktuellen Situation in der Klasse modifiziert bzw. erweitert werden.

▶ Führe mit einigen deiner Klassenkameradinnen und Klassenkameraden ein Gespräch. Eines der folgenden Themen könnte euch als Einstieg dienen.

( 1 ) Ihr sprecht über eure Lieblingsbeschäftigung in der Freizeit.

( 2 ) Ihr unterhaltet euch über ein Buch/einen Film, das/der euch gefallen hat.

( 3 ) Ihr sprecht darüber, wie man die nächste Klassenfeier/den nächsten Wandertag/die nächste Klassenfahrt gestalten könnte.

( 4 ) Ihr tauscht Gedanken darüber aus, wie man das Leben in der Schule noch interessanter gestalten könnte (in den Pausen, am Nachmittag).

( 5 ) Ihr unterhaltet euch über gute und weniger gute Computerspiele.

## 1. 3  Der Zusammenhang zwischen Grammatik und Stil

Bei der Arbeit an den einzelnen Inhalten im Teilbereich „mündliche und schriftliche Kommunikation" empfiehlt es sich, auch Übungen einzubeziehen, durch die die Verbindung zum Teilbereich Reflexion über Sprache/Sprachgebrauch (Grammatik) verdeutlicht wird.

### 1. 3. 1  Aufgaben zu Wortfeldern und Synonymen

In diesem Lernbereich werden z. B. ausgewählte grundlegende Kenntnisse aus der Semasiologie (Wortbedeutungslehre) vermittelt. Die Schülerinnen und Schüler erfahren, dass sich wesentliche Bestandteile unseres Wortschatzes in Wortfelder zusammenfassen lassen, d. h., dass es für ähnliche oder gleiche Erscheinungen der Wirklichkeit in den meisten Fällen Synonyme gibt. Diese Synonyme haben aber nur selten eine völlig identische Bedeutung, sondern durch sie werden unterschiedliche Akzente in der Wortbedeutung gesetzt. So kann eine Erscheinung detaillierter oder allgemeiner bezeichnet werden (*Perlenkette – Halsschmuck)*, ein bestimmtes Bedeutungsmerkmal herausgestellt werden (*grinsen* statt *lächeln*) oder auf ein Charakteristikum hingewiesen werden (*stapfen* statt *gehen*, *lispeln* statt *sprechen*).

Darüber hinaus lernen die Schülerinnen und Schüler in diesem Bereich, dass innerhalb der jeweiligen Wortfelder auch unterschiedliche Stilebenen erfasst sind. Zum Wortfeld gehört also z. B. auch das salopp-umgangssprachliche, das umgangssprachliche, das hochsprachliche Synonym des entsprechenden Begriffes.

Bei der Arbeit an der Gestaltung von Gesprächen sollten die Schülerinnen und Schüler also durch entsprechende Übungen zu der Erkenntnis geführt werden, dass ihnen das im Grammatikunterricht Gelernte bei der Bewältigung der sprachlichen Anforderungen tatsächlich hilfreich sein kann.

Sie wenden ihr Wissen über Wortfelder und die Verwendung von Synonymen an, nicht nur um Wortwiederholungen zu vermeiden, sondern sie erkennen darin auch die Möglichkeit, sich detaillierter, nuancenreicher auszudrücken. Darüber hinaus berücksichtigen sie bei ihrer Wortwahl die Kommunikationssituation, indem sie gegebenenfalls ein Synonym aus einer anderen Stilebene benutzen. Im folgenden Aufgabenkomplex wird eine Auswahl diesbezüglicher Übungen angeboten.

### 1. 3. 2  Aufgaben zu Konjunktionen

Eine weitere Möglichkeit zur Verbindung der beiden Lernbereiche Grammatik und Stil im Zusammenhang mit der Arbeit am Gestalten von Gesprächen sehen wir bei der Behandlung der Wortart Konjunktion und deren korrekter Anwendung. Im Grammatikunterricht lernen die Schülerinnen und Schüler die Konjunktion als die Wortart kennen, die man zur Textverflechtung einsetzt: Konjunktionen verbinden Satzglieder oder Teilsätze miteinander, sie stellen sie in anreihende (*und, sowie*), unterscheidende (*oder, entweder*), gegensätzliche (*aber, sondern*), zeitliche (*bevor, nachdem*), begründende (*weil, da*) und andere Beziehungen zueinander.

Außerdem wird durch Konjunktionen verdeutlicht, dass die verbundenen Satzteile in einem gleichrangigen oder nicht gleichrangigen Verhältnis zueinander stehen, d. h., es wird zwischen koordinierenden und subordinierenden Konjunktionen unterschieden. Diese Unterscheidung ist wichtig, denn man kann keine koordinierenden Konjunktionen als Einleitewörter für Nebensätze verwenden, und subordinierende Konjunktionen können keine gleichrangigen Satzglieder verbinden.

Diese Differenzierung wird aber in der täglichen Umgangssprache zunehmend vernachlässigt und führt in der Folge auch zu falscher Sprachanwendung bei den Schülerinnen und Schülern. Die Arbeit am Gespräch ist deshalb geeignet, Übungen durchzuführen, in denen diese grammatischen Kenntnisse angewendet werden sollen. Dadurch wird den Schülerinnen und Schülern auch in diesem Zusammenhang verdeutlicht, dass die Grammatik eine wichtige Grundlage für sichere und richtige Sprachanwendung ist, und ihr Sprachgefühl wird gefestigt.

Nachdem im Unterrichtsgespräch die notwendigen Kenntnisse zur Wortart Konjunktion wiederholt wurden (hier soll vor allem noch einmal auf den Unterschied zwischen koordinierenden und subordinierenden Konjunktionen eingegangen werden), kann die **Kopiervorlage 11** bearbeitet werden.

Der Klassenlehrer bittet Jana, die neue Schülerin, sich vor der Klasse etwas ausführlicher vorzustellen, damit man sie besser kennenlernt. In ihrer Aufregung hat Jana dabei nicht immer die passende Wortwahl getroffen.

▶ Ersetze die fett gedruckten Formulierungen durch passendere. Wähle dabei Begriffe aus der Wortleiste aus. (Achtung! Die Wortleiste enthält auch unpassende Ausdrücke, die du nicht verwenden solltest.)

Tja, ich bin die Jana Westfahl. Ich **war** bisher an der Goetheschule in Biesdorf.

Weil mein Vater aber 'nen neuen **Job** kriegte, bei dem er auch mehr **Kohle** verdient, mussten wir nach Berlin umziehen.

Meine Leistungen an der alten Schule waren nicht gerade der **Knaller**, aber das Klassenziel habe ich bis jetzt immer erreicht. Und das ist schließlich das Wichtigste. Man will ja schließlich nicht als Streberin gelten. Aber wenn die **Pauker** hier nett sind, kann man ja auch nett sein und sich ein bisschen mehr anstrengen.

In meiner Freizeit **bolze** ich gern. Ich bin sogar richtig gut. Mein Trainer vom **FCB** meinte immer, aus mir könnte mal eine Spitzenspielerin werden. Aber Profi-Fußball finde ich **total uncool**. Aber im Moment muss ich mir ja sowieso erst mal einen neuen Verein suchen. Vielleicht habt ihr ja auch eine Schulfußballmannschaft. Das wäre **echt** toll.

So, nun wisst ihr genug von mir. Ich hoffe, wir werden schnell gute **Kumpel**.

---

**?** Lehrer – Freunde – wirklich – besuchte – überhaupt nicht gut – völlig daneben – zum Jubeln –

hervorragend – Zaster – Arbeitsplatz – spiele Fußball – Geld – Stelle – Fußballklub Biesdorf

---

war _____

Job _____

Kohle _____

Knaller _____

Pauker _____

bolze _____

FCB _____

total uncool _____

echt _____

Kumpel _____

Die Klassenlehrerin bittet Erwin, den neuen Schüler, sich vor der Klasse etwas ausführlicher vorzustellen. Dabei hat Erwin nicht immer die richtige Wortwahl getroffen.

Hi, ich bin der Erwin.

Ja, lacht nur, aber ich habe mir diesen **saudoofen** Namen nicht ausgesucht. Mein Opa wollte unbedingt, dass sein erster Enkel nach ihm benannt wurde.

In meiner alten Klasse gehörte ich eher zu den mittelmäßigen Schülern, aber das lag nicht nur an mir, einige Lehrer **hatten** mich einfach nur **auf dem Kieker**, weil ihnen mein Outfit nicht passte. Zugegeben, ein bisschen **extrem** sah ich manchmal ja aus. Aber einen deswegen gleich mit einer Leistungskontrolle **in die Pfanne hauen**, das ist ja nun nicht gerade sehr **kumpelhaft**.

Na ja, auf jeden Fall habe ich es bisher trotzdem geschafft, immer versetzt zu werden.

Und wenn ich nicht gerade für die Schule strebe, gehe ich meistens angeln. Wahrscheinlich denken viele von euch, dass das **echt ätzend** ist. Aber ich kann dabei bestens **relaxen**. Und wenn man dann einen riesigen Hecht **oder so** an der Angel hat, kann es spannend sein wie ein Krimi. Den **Freaks** brauche ich das ja nicht zu erzählen. Und die anderen **schnallen** ja sowieso nicht, was bei so einer Angeltour alles **abgehen** kann.

So, nun kennt ihr mich ein wenig näher. Ich hoffe, dass wir bald **totale Kumpels** sind.

▶ Ersetze die fett gedruckten Begriffe durch passendere.

saudoofen _____

hatten … auf dem Kieker _____

extrem _____

in die Pfanne hauen _____

kumpelhaft _____

echt ätzend _____

relaxen _____

oder so _____

Freaks _____

schnallen _____

abgehen _____

totale Kumpels _____

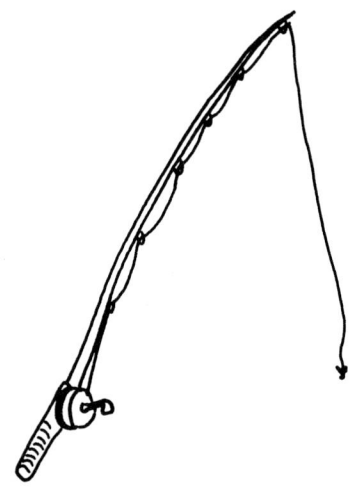

Hartmut Lange: Wie kann ich das ausdrücken?
© Persen Verlag GmbH, Buxtehude

Kai ist neu in der Klasse. In einem Gespräch mit einigen seiner Mitschüler berichtet er auch über sein Hobby. Er hofft, damit einige Klassenkameraden so begeistern zu können, dass sie auch Klubmitglied werden.

Also, ich bin in einem Klub für Schiffsmodellbau ... Hört doch erst einmal zu, bevor ihr rummotzt. Ich habe am Anfang auch gedacht, dass das langweilig und ätzend ist und dass es bestimmt viel coolere Freizeitbeschäftigungen gibt. Und natürlich ist es auch so, dass man oft stundenlang sitzt, bloß um einen Mast zusammenzufummeln oder den Schiffsrumpf superglatt zu schleifen. Da braucht man schon Geduld, und jemanden, der Hummeln im Hintern hat, törnt das völlig ab. Aber wenn dann das Teil endlich fertig ist und die erste Probefahrt kann stattfinden, ist die ganze langweilige Arbeit vergessen.

Der absolute Höhepunkt sind aber immer die Wettkämpfe. Das ist total spannend! Aber manchmal bekommt man auch Fracksausen, wenn man die tollen Modelle der anderen sieht, und selber hat man nur so'n mickriges Eumel zusammengebastelt.

Überhaupt nicht mehr zu toppen ist allerdings das Gefühl, zu den Preisträgern zu gehören.

Den Pokal überreicht zu bekommen, ist die blanke Sahne, da schmeißt du dich hin vor Wonne.

▶ Finde selbstständig heraus, welche der hier verwendeten Ausdrücke durch bessere ersetzt werden sollten.

|   | unpassender Ausdruck: | wird ersetzt durch: |
|---|---|---|
| 1 | | |
| 2 | | |
| 3 | | |
| 4 | | |
| 5 | | |
| 6 | | |
| 7 | | |
| 8 | | |
| 9 | | |
| 10 | | |
| 11 | | |
| 12 | | |

▶ In den folgenden Sätzen musst du dich zwischen zwei Konjunktionen entscheiden, um die beiden Teilsätze miteinander zu verbinden. Unterstreiche die richtige.

1. Ich hatte heute Morgen den Bus verpasst, **wodurch / deshalb** ich zu spät zur Schule kam.

2. Claudia hat den Mülleimer immer noch nicht nach unten gebracht, **obwohl / trotzdem** ich sie schon mehrmals darum gebeten habe.

3. Meine Freunde nennen mich „Schlecki", **weil / denn** ich esse sehr gern Süßigkeiten.

4. Ich gehe jetzt Fußball spielen, **aber / obwohl** ich müsste eigentlich noch Hausaufgaben machen.

5. Mein Taschengeld ist schon seit einigen Tagen alle, **sodass / folglich** ich mir diese CD erst übermorgen kaufen kann.

▶ In den folgenden Beispielen wurden die Teilsätze durch falsche Konjunktionen verbunden. Setze unten die richtigen ein.

1. Ich habe meine Freundin nicht verraten, wenngleich ich fand ihr Verhalten während der Klassenarbeit nicht richtig.

2. Trotzdem ich schon ziemlich müde war, habe ich noch bis 22.00 Uhr gelernt.

3. Ich muss alle Aufgaben noch einmal nachrechnen, weil ich muss unbedingt den Fehler finden.

4. Ich packe jetzt erst einmal die Schulsachen weg, obwohl ich bin noch nicht mit allen Hausaufgaben fertig.

5. Paul hat das Gedicht nicht gelernt, dennoch er schon zwei schlechte Noten in Deutsch hat.

6. Ich habe leider nicht viel Zeit, weil ich muss noch einiges für das Abendessen einkaufen.

7. Sabine will sich von ihrem Geburtstagsgeld keinen Rock kaufen, aber eine Bluse.

8. Ich habe zwar versprochen, den Rasen zu mähen, sondern ich würde viel lieber schwimmen gehen.

1. _____    5. _____

2. _____    6. _____

3. _____    7. _____

4. _____    8. _____

Hartmut Lange: Wie kann ich das ausdrücken?
© Persen Verlag GmbH, Buxtehude

# 2 Mündliches und schriftliches Erzählen

## 2. 1 Inhaltliches Gestalten mündlicher und schriftlicher Erzählungen

Im 5. bis 7. Schuljahr wird die in der Grundschule begonnene Arbeit am Gestalten von Erzählungen kontinuierlich fortgesetzt. Beim Erzählen stellt man erlebte oder erdachte Ereignisse dar, die die Leser nachvollziehen oder nachempfinden sollen, dabei werden sie am Fühlen und Denken der handelnden Personen beteiligt. Hauptziel des Erzählens ist es, die Leser zu unterhalten.

Die Arbeit am Erzählen soll grundsätzlich der Entwicklung von Fantasie und Vorstellungskraft dienen und zur weiteren Förderung der gestalterischen Fähigkeiten beitragen.

Dabei ist zu empfehlen, von den folgenden Schwerpunkten auszugehen:

- Die Schülerinnen und Schüler sollen lernen, sich zunächst ein Erzählziel zu setzen (einen Höhepunkt zu wählen) und sich von Anfang an darauf zu konzentrieren.

- Sie sollen darauf achten, bei der Darstellung der einzelnen Handlungsschritte die Reihenfolge genau einzuhalten und so den Höhepunkt kontinuierlich vorzubereiten.

- Sie sollen üben, die wesentlichen Einzelheiten lebendig und anschaulich darzustellen.

- Sie sollen lernen, beim Erzählen die Grundstruktur einzuhalten und die Funktion von Einleitung und Schluss gezielt zur erfolgreichen Gestaltung von Erzählungen zu nutzen.

- Sie sollen die Fähigkeit erwerben, zunehmend selbstständiger die erforderlichen sprachlichen Mittel einzusetzen.

Da die inhaltlichen, strukturellen und sprachlichen Merkmale beim schriftlichen und mündlichen Erzählen weitgehend gleich sind, empfehlen wir, zunächst am schriftlichen Erzählen zu arbeiten. Dadurch können sich die Schülerinnen und Schüler besser auf diese Merkmale konzentrieren. Das Produkt ihrer Arbeit liegt vor ihnen, sie können in Ruhe die erforderlichen Korrekturen durchführen, ohne Angst haben zu müssen, etwas zu vergessen. Das Vergleichen ist einfacher und überschaubarer.

Erst wenn eine gewisse Sicherheit im inhaltlichen und sprachlichen Gestalten vorliegt, empfiehlt es sich, zum Arbeiten am mündlichen Erzählen überzugehen, wobei man dann den Schwerpunkt auf die Befähigung zum sprecherischen Gestalten legen sollte.

Folgende Schwerpunkte bieten sich an:

1. Teilübungen zur inhaltlichen und strukturellen Gestaltung von Erzählungen

2. Teilübungen zu den sprachlichen Besonderheiten der Erzählung

3. Übungen zum Selbst-Gestalten von Erzählungen

Die Aufteilung der einzelnen Schwerpunkte auf die Unterrichtsstunden richtet sich nach der jeweiligen Klassensituation.

Bei den Teilübungen zur inhaltlichen und strukturellen Gestaltung soll den Schülerinnen und Schülern zunächst durch Beispiele verdeutlicht werden, worauf man sich beim Erzählen konzentrieren muss, wie man Beginn und Ende einer Erzählung gestaltet, welche Teilereignisse für die gesamte Erzählung wichtig sind und welche man weglässt.

Anhand eines positiven Beispiels kann die Schülerin/der Schüler selbst beurteilen, wie ein gut strukturierter Text bzw. bestimmte sprachliche Formulierungen auf den Leser wirken.

An die Arbeit am positiven Beispiel sollten sich nun Übungen anschließen, in denen die Schülerinnen und Schüler die dabei gewonnenen Erkenntnisse an vorgegebenem Beispielmaterial anwenden, z. B. Übungen zum Umformen, Einsetzen und Ergänzen.

Im folgenden Aufgabenkomplex sind entsprechende Übungen enthalten. Sie stellen ein Angebot dar, das in Abhängigkeit von den Leistungen der Schülerinnen und Schüler beliebig erweitert oder verändert werden kann.

Die Übungen konzentrieren sich auf zwei Schwerpunkte, die erfahrungsgemäß bei der Arbeit am Erzählen besonderer Beachtung bedürfen:

## 2. 1. 1 Aufgaben zum Aufbau einer Erzählung

Hierzu gehört das Erzählen in der richtigen Reihenfolge unter Beachtung einer Steigerung bis zum Höhepunkt. Den Schülerinnen und Schülern soll hier bewusst werden, dass sich eine gute Erzählung u. a. dadurch auszeichnet, dass der Höhepunkt durch eine schrittweise steigende Handlung kontinuierlich vorbereitet wird und dass sich daran nur noch die Lösung anschließen darf.

## 2. 1. 2 Aufgaben zum Verhältnis von äußerer und innerer Handlung

Die Schülerinnen und Schüler lernen, den einzelnen Teilschritten ihrer Erzählung auch ausführlichere Aussagen über die Gedanken und Gefühle der beteiligten Figuren zuzuordnen. Dadurch kann sich der Leser besser in die Lage der Figuren versetzen und bestimmte Handlungsweisen werden nachvollziehbarer.

Bei einem Erzählwettbewerb hat eine Schülerin der 4. Klasse das Volksmärchen „Rotkäppchen" nacherzählt. Als sie auf dem letzten Platz landete, war sie sehr enttäuscht.

▶ Lies die Nacherzählung und nenne drei Gründe, warum sie so schlecht bewertet wurde.

Also, ich erzähle jetzt das Märchen von Rotkäppchen. Das war ein Mädchen, das bei einem Besuch bei der Großmutter vom Wolf gefressen wurde. Es hatte aber Glück und konnte wenig später vom Jäger gerettet werden.

Eines Tages bekam Rotkäppchen von seiner Mutter den Auftrag, einen Korb mit Kuchen und Wein zur kranken Großmutter zu bringen. Rotkäppchens Großmutter wohnte in einem kleinen Häuschen ganz dicht am Wald. Bevor das Mädchen nun losging, sagte die Mutter noch: „Geh bitte auf direktem Wege zur Großmutter, bummele nirgends herum, denn im Wald läuft ein böser Wolf umher, und der könnte dir Böses antun." Rotkäppchen versprach, sich an die Anweisungen zu halten, und ging los.

Als es dann ziemlich spät am Waldhäuschen seiner Oma angekommen war, wunderte es sich, dass die Tür offen stand und dass niemand auf sein Rufen antwortete. Also ging es erst einmal ins Haus und stellte die Blumen in eine Vase. Dann wandte es sich dem Bett der Großmutter zu, um ihr die mitgebrachten Leckereien zu zeigen. In diesem Augenblick sprang aber der Wolf aus dem Großmutterbett und verschlang das arme Rotkäppchen, ohne auch nur ein einziges Mal zu kauen. Satt und zufrieden legte er sich dann schlafen.

Kurze Zeit darauf kam der Jäger am Häuschen vorbei. Er wunderte sich, dass die Tür nicht verschlossen war und dass ein Schnarchen aus dem Haus kam, obwohl die Großmutter noch nie geschnarcht hatte. „Ah", dachte er, „da hat doch bestimmt der Wolf seine Pfoten im Spiel." Er ging hinein und tatsächlich, da lag der Bösewicht im Bett und schlief tief und fest. Weil der Jäger schon ahnte, was sich hier abgespielt hatte, schoss er nicht, sondern schnitt dem Wolf den Bauch auf. Und siehe da, Rotkäppchen und die Großmutter kamen gesund und munter aus dem Wolfsbauch herausgeklettert. Der Jäger füllte schnell den Bauch des Wolfes mit Steinen, und als der aufwachte und weglaufen wollte, waren die Steine so schwer, dass er tot umfiel.

Da waren alle sehr froh. Rotkäppchen aber versprach, nie mehr vom Wege abzugehen.

1. Grund: _____

_____

2. Grund: _____

_____

3. Grund: _____

_____

Ein Schüler sollte in einer mündlichen Leistungskontrolle das Volksmärchen „Vom Fischer und seiner Frau" nacherzählen. Er erhielt nicht die erhoffte gute Note.

 **Finde drei schwerwiegende Mängel.**

Dies ist das Märchen von einer Fischerfrau, die immer reicher und mächtiger werden wollte, sich am Ende aber doch in ihrem alten, hässlichen Pott wiederfand. In diesem Pott wohnte sie nämlich mit ihrem Mann, dem Fischer. Und obwohl der Fischer Tag für Tag hart arbeitete, führten sie ein sehr ärmliches Leben, hatten kaum zu essen und konnten sich keine richtige Wohnung leisten.

Eines Tages aber fing er einen großen, schönen Fisch, der ihm und seiner Frau bestimmt vorzüglich munden würde. Als er gerade noch über seinen guten Fang nachdachte, fing der Fisch an zu sprechen und sagte: „Ach lass mich wieder frei, denn ich bin eigentlich gar kein Fisch, sondern ein verwünschter Prinz, und ich würde dir bestimmt nicht schmecken." Da zögerte der Fischer nicht lange und ließ den Fisch wieder schwimmen.

Als er zu Hause dieses Erlebnis seiner Frau erzählte, erregte sie sich gleich darüber, dass sich ihr Mann nichts gewünscht hatte. „Denn", war sie sich sicher, „wenn der Fisch ein verwünschter Prinz ist, kann er auch Wünsche erfüllen." Also musste der arme Fischer noch einmal los, um dem Fisch die Wünsche seiner Frau auszurichten.

Eines Tages schickte die Fischerfrau ihren Mann wieder einmal zum Fisch. Ihr Wunsch war diesmal, sie möchte der liebe Gott sein. Als der Fisch das hörte, wurde er sehr wütend und zauberte sie wieder in ihren alten, hässlichen Pott zurück. Das war dann doch zu viel. Zuvor hatte er nämlich alle Wünsche der Frau ohne zu zögern erfüllt. Erst wollte sie in einem Schloss wohnen, dann wollte sie Königin sein, wenig später wünschte sie sich, Kaiserin zu werden. Schließlich war sie Papst und lebte in einem wunderschönen Palast.

Als sie nun aber sogar der liebe Gott sein wollte, war die Geduld des Fisches zu Ende.

Nun sitzen der Fischer und seine Frau wieder in ihrem alten Pott und leben in Armut.

1. Mangel: _____

_____

2. Mangel: _____

_____

3. Mangel: _____

_____

Hartmut Lange: Wie kann ich das ausdrücken?
© Persen Verlag GmbH, Buxtehude

Manuela erzählt von ihrem letzten Geburtstag. Leider ist bei dieser Erzählung einiges durcheinandergeraten.

► Ordne zunächst die einzelnen Abschnitte. Schreibe dazu in die Kästen, an wievielter Stelle der jeweilige Textabschnitt stehen muss. Lies dann fehlerfrei und mit guter Betonung vor.

A    Mir saß der Schreck noch in allen Gliedern. Beinahe hätte die Party ein böses Ende genommen. Ich aber schwor mir, nie wieder ein Besserwisser zu sein. ☐

B    An meinem 11. Geburtstag vor einem halben Jahr wollte ich eine Party geben, an die alle noch lange zurückdenken würden. ☐

C    Plötzlich fing einer der Lampions Feuer. Wahrscheinlich war ein Funke daraufgefallen. In wenigen Sekunden brannte die ganze Lampionkette. Ich geriet in Panik und konnte nur noch „Hilfe! Hilfe!" schreien. ☐

D    Bereits eine Woche vorher begann ich mit den Vorbereitungen. Ich bastelte die Einladungen selbst, besorgte Girlanden, Lampions und Luftballons zur Dekoration. Ich dachte mir Spiele aus und besprach mit meiner Mutter das „Festmenü". Das alles machte mir wahnsinnig Spaß und ich war sicher, diese Party wird ein Knaller. ☐

E    Den Kuchen hatte meine Mutter selbst gebacken. Er schmeckte wie immer vorzüglich, denn sie ist eine richtige Meisterbäckerin. Natürlich passierte Jenny wieder ein Missgeschick, sie warf aus Versehen ihre Kakaotasse um. Das war aber nicht weiter schlimm, weil wir ja im Garten saßen. ☐

F    Vater blieb ganz ruhig, er riss blitzschnell die Schnur mit den brennenden Lampions ab, warf sie auf den Boden und trat das Feuer aus. Ich war heilfroh, dass nichts passiert war. ☐

G    Dann war endlich „mein großer Tag" da. Zum Glück war es ein Sonntag. So konnte ich am Vormittag in aller Ruhe die Dekoration anbringen. Ein Ende der Schnur mit den Lampions befestigte ich am Schornstein unseres Grillkamins. Mein Vater sah das nicht gern. Er warnte mich: „Wenn wir heute Abend grillen wollen, ist das da kein guter Platz für deine Lampions." ☐

H    Pünktlich um 15.00 Uhr trudelten alle meine Gäste ein. Zunächst war Kaffeetrinken angesagt. ☐

I    Ich dachte nur: „Der Herr Vater ist ja mal wieder übervorsichtig. Ich kann das wohl selbst einschätzen. Schließlich bin ich kein kleines Kind mehr." Laut sagte ich: „Es passiert schon nichts. Ich passe ja auf." Ich merkte, dass mein Vater damit nicht zufrieden war. Aber er sagte nichts mehr. ☐

J    Nach dem Kaffee machten wir all die Spiele, die ich mir ausgedacht hatte. Jeder war begeistert über meine guten Spielideen. Noch mehr begeistert waren sie natürlich über die schönen Preise, die es gab. ☐

K    Der Höhepunkt der Feier war aber der Grillabend. Es war schon etwas dämmrig. Ich hatte die Lampions angezündet. Vater grillte, was das Zeug hielt, um uns alle satt zu kriegen. Aus dem Schornstein des Grillkamins stoben ab und zu Funken. Das sah richtig romantisch aus. ☐

Florian hat einen Aufsatz über eine Wette geschrieben. Hier ist leider einiges durcheinandergeraten.

▶ Ordne zunächst die einzelnen Abschnitte. Schreibe dazu in die Kästen, an wievielter Stelle der jeweilige Textabschnitt stehen muss. Lies dann fehlerfrei und mit guter Betonung vor.

A „Hättest du besser hingehört, wärst du nicht hereingefallen", lachte ich schadenfroh, „ich habe ja nicht davon gesprochen, dass es ein Mensch sein muss." Markus ärgerte sich, dass er mir auf den Leim gegangen war, und brummte wütend: „Na warte, wer zuletzt lacht, lacht am besten." ☐

B Eines Tages waren Markus, ein paar Jungen aus meiner Klasse und ich auf dem Spielplatz in unserem Wohngebiet und es war ziemlich langweilig. Da schlug ich vor, dass wir doch ein bisschen wetten könnten. Das fanden alle prima. ☐

C Ich habe einen Freund, den Markus. Eigentlich ist er ein ganz dufter Kumpel. Nur eines kann ich an ihm überhaupt nicht leiden: Ständig versucht er, andere durch irgendwelche Späße hereinzulegen. Und wenn es ihm dann gelungen ist, lacht er sich halb tot. Deshalb wollte ich ihm bei der nächsten Gelegenheit einen Denkzettel verpassen. ☐

D „Gut", sagte ich, „weil ich die Idee hatte, darf ich auch anfangen. Also, ich wette, dass es jemanden gibt, der auf allen Vieren schneller bis zum hinteren Zaun des Spielplatzes laufen kann als Markus auf zwei Beinen." ☐

E Ich pfiff kurz und sofort sprang mein Schäferhund Rex hinter einem Gebüsch hervor, wo ich ihn vorher versteckt hatte. ☐

F Alle lachten: „Eine dümmere Wette konntest du dir wohl nicht ausdenken. Auf allen Vieren schneller als Markus, der schnellste Sprinter unserer Klasse. Du willst wohl unbedingt deine Wette verlieren?" ☐

G Als die anderen ihn sahen, wollten sie sich ausschütten vor Lachen. „Endlich ist Markus mal hereingelegt worden", riefen sie vergnügt. ☐

H Ich überhörte ihren Spott absichtlich und sagte: „Ich schlage vor, Markus läuft erst einmal allein und gibt so eine Zeit vor." „Einverstanden", erwiderte Markus und raste los. In kürzester Zeit hatte er die Strecke zurückgelegt. „So, und jetzt du auf allen Vieren", sagte er etwas außer Atem. „Wieso ich?", war meine Antwort. ☐

I „Das ist gemein", schrie Markus, „ich dachte, du meinst einen Schüler aus unserer Klasse!" ☐

Hartmut Lange: Wie kann ich das ausdrücken?
© Persen Verlag GmbH, Buxtehude

Tabea erzählt von Sabines spannendem Erlebnis. Leider ist hier einiges durcheinandergeraten.

▶ Ordne zunächst die einzelnen Abschnitte. Schreibe dazu in die Kästen, an wievielter Stelle der jeweilige Textabschnitt stehen muss. Lies dann fehlerfrei und mit guter Betonung vor.

A    Plötzlich war alles um Sabine herum unheimlich groß. Die Menschen, die Bäume, die Autos, alles wirkte wie im Land der Riesen. Sabine war nämlich auf die Größe eines Gartenzwerges geschrumpft. Als sie das erkannte, bekam sie Angst und fing an zu heulen. ☐

B    Sabine geht mit mir in eine Klasse und sie ist unheimlich neugierig. Alles muss sie genau wissen, alles muss sie anfassen. Und was das Schlimmste ist, sie steckt alles, was sie findet, in den Mund. Mich wundert, dass sie sich dabei noch nie vergiftet hat. ☐

C    Als sie sich beruhigt hatte, versuchte sie sich genau zu erinnern, was sie vor ihrer Schrumpfung gemacht hatte. Plötzlich fiel ihr ein, dass sie ein eigenartiges Kraut auf der Wiese gefunden hatte, das ganz toll duftete. Und natürlich hatte sie darauf herumgekaut. ☐

D    Eines Tages war sie mal wieder allein unterwegs. Sie wandert gern allein durch die Natur, um Tiere zu beobachten und Pflanzen zu entdecken. Und wie ihr euch denken könnt, steckt sie alle Pflanzen in den Mund, ob sie sie kennt oder nicht. Und so war es auch an diesem Tag. ☐

E    Krampfhaft überlegte sie, wie sie aus dieser fürchterlichen Lage herauskommen könnte. Aus alten Büchern wusste sie, dass es zu jedem Kraut ein Gegenkraut gibt. Also begann sie fieberhaft zu suchen. ☐

F    Jetzt war guter Rat teuer. Ihr blieb nichts anderes übrig, als zur Schule zu gehen und ihre Biolehrerin um Hilfe zu bitten. Als sie auf den Schulhof getapst kam, schrien alle vor Schreck laut auf und rannten wild durcheinander. Sabine musste unheimlich aufpassen, dass sie niemanden unter ihre riesigen Schuhe bekam. ☐

G    Sie war unheimlich erleichtert und bedankte sich bei Frau Wartlau. Außerdem schwor sie, nie wieder unbekannte Gewächse in den Mund zu nehmen. ☐

H    Endlich glaubte sie, das Richtige gefunden zu haben, es sah ähnlich aus, es roch ähnlich, das musste das Gegenkraut sein. Hastig steckte sie eine Handvoll in den Mund und kaute kräftig. Aber, oh Schreck! Jetzt wuchs sie plötzlich, und das Wachsen hörte erst auf, als sie drei Mal so groß war wie ein Erwachsener. ☐

I    Als Frau Wartlau sie ankommen sah, wusste sie gleich Bescheid. „Du hast das Klein-Groß-Zauberkraut gegessen. Die Einzige, die das Gegenmittel herstellen kann, bin ich. Hier habe ich noch einen kleinen Rest, trink ihn sofort." Das Zeug schmeckte scheußlich, aber es half. Im Nu erhielt Sabine ihre normale Größe zurück. ☐

Diese Erzählung ist ziemlich langweilig, weil sie kaum innere Handlung hat.

▶ Um sie interessanter zu machen, wähle aus den Vorschlägen unten die passenden aus und füge sie an der richtigen Stelle in die Erzählungen ein. (Achtung! Die Vorschläge sind nicht geordnet.)

1  Als ich etwa acht Jahre alt war, sagten meine Eltern eines Tages zu mir, dass sie am Abend zu einer wichti-
2  gen Versammlung müssten und dass sie sehr spät nach Hause kommen würden. Ich sollte mir das Abendbrot
3  allein machen und dann nicht zu spät ins Bett gehen.
4  Bisher war ich abends nie allein gewesen. Wenn meine Eltern schon mal ausgingen, war immer meine große
5  Schwester da. Diesmal war sie aber zu einer Freundin gefahren und wollte dort auch über Nacht bleiben.
6  Nachdem meine Eltern gegangen waren, nahm ich mir ein Buch und begann zu lesen. So richtig konzentrie-
7  ren konnte ich mich diesmal aber nicht.
8  Gegen 19.00 Uhr aß ich Abendbrot, das meine Mutter für mich schon fertig gemacht hatte. Danach sah
9  ich noch ein bisschen fern. Um 20.30 Uhr bereitete ich mich zum Schlafengehen vor. Nachdem ich noch
10  einmal überall nachgesehen hatte, ob alles in Ordnung war - auch unter dem Bett - , ging ich schlafen.
11  Plötzlich wurde ich von einem Geräusch geweckt. Vom Bett aus versuchte ich festzustellen, woher es kam,
12  es war aber nichts zu erkennen. Und weil es nun wieder ruhig war, schlief ich auch ein.
13  Auf einmal war das Geräusch wieder da, lauter als vorher: eine Art Kratzen und Schaben. Es schien vom
14  Fenster zu kommen. Ich drehte mich um und sah einen schwarzen Schatten, der sich gerade vom Fenster
15  entfernte. Nun schlief ich nicht wieder ein. Ich beobachtete das Fenster. Da war wieder das Kratzen zu
16  hören. Ich richtete mich auf und sah unseren schwarzen Kater. Ihm war draußen kalt geworden und er
17  wollte zu mir ins warme Bett.

**?** 1. Am liebsten lese ich Krimis. – 2. Darüber war ich nicht sehr erfreut. – 3. Immer musste ich an irgendwelche Gespenster denken. – 4. Ich war sofort hellwach und der Schreck saß mir in allen Gliedern. – 5. Ich dachte sofort an Einbrecher. – 6. Ich bekam einen fürchterlichen Schreck und zitterte am ganzen Leibe. – 7. Dabei zitterte ich immer noch.

| Nr.: | wird eingefügt in Zeile: | nach dem Wort: |
|------|--------------------------|----------------|
|      |                          |                |
|      |                          |                |
|      |                          |                |
|      |                          |                |
|      |                          |                |
|      |                          |                |
|      |                          |                |

Hartmut Lange: Wie kann ich das ausdrücken?
© Persen Verlag GmbH, Buxtehude

Diese Erzählung ist ziemlich langweilig, weil sie kaum innere Handlung hat.

▶ Um sie interessanter zu machen, wähle aus den Vorschlägen unten die passenden aus und füge sie an der richtigen Stelle in die Erzählung ein. (Achtung! Die Vorschläge sind nicht geordnet.)

1   Es war an einem Sommertag vor vier Jahren. Da es sehr heiß war, beschlossen meine Freunde, die alle ein
2   paar Jahre älter waren als ich, zum Strandbad zu fahren. Sie fragten mich, ob ich mitkommen wollte. Da
3   ich einige Tage vorher meine Schwimmprüfung mit Erfolg bestanden hatte, fuhr ich natürlich mit.
4   Im Strandbad angekommen, gingen wir nicht gleich ins Wasser, sondern spielten erst eine Zeit lang Volleyball.
5   Anschließend saßen wir auf unseren Decken und quatschten über alles Mögliche. Auf einmal sagte Tom zu
6   mir: „Sag mal, Jens, du bist doch jetzt ein richtiger Meisterschwimmer. Da traust du dich doch sicher auch,
7   vom Dreimeterbrett zu springen." Aber ich reagierte erst einmal gar nicht, sodass die anderen glaubten, ich
8   hätte nicht verstanden, was Tom gesagt hatte. Also fingen jetzt alle an: „Na, Jens, was ist nun mit dem
9   Sprung?" – „Zeig mal, was du im Schwimmunterricht gelernt hast!" – „Oder bist du etwa ein Feigling?"
10   Jetzt konnte ich mich nicht mehr taub stellen. Also ging ich ganz langsam über den Steg auf die Leiter zum
11   Dreimeterbrett zu, stieg Sprosse für Sprosse nach oben und ging dann noch langsamer auf dem Brett bis
12   ganz nach vorn. Ich schaute nach unten. Am Beckenrand saßen meine Freunde und riefen: „Nun spring
13   schon!" – „Halt nicht den ganzen Verkehr auf!" – „Da sind noch mehr, die springen wollen!"
14   Ich nahm Anlauf und sprang. Als ich wieder auftauchte, jubelten mir die Jungs begeistert zu. Später dann
15   flüsterte Tom mir noch zu: „Alle Achtung, mein Lieber. Ich glaube, ich hätte mich das nicht getraut."

---

**?** 1. Ich erschrak, Springen vom Brett hatten wir im Schwimmunterricht nicht gelernt. – 2. Jetzt konnte ich ihnen endlich meine Schwimmkünste vorführen und dadurch besondere Anerkennung bekommen. – 3. Von hier oben sah alles so klein aus. Mir wurde jetzt sogar ein wenig schwindlig. – 4. Ich überlegte fieberhaft, wie ich es noch anstellen könnte, nicht springen zu müssen. – 5. Ich hatte das Gefühl, Beine aus Gummi zu haben. – 6. Nun musste ich meinen ganzen Mut zusammennehmen, denn die Blöße, jetzt umzukehren, wollte ich mir natürlich auch nicht geben. – 7. Ich fühlte mich, als hätte ich einen Weltmeistertitel errungen.

| Nr.: | wird eingefügt in Zeile: | nach dem Wort: |
|------|--------------------------|----------------|
|      |                          |                |
|      |                          |                |
|      |                          |                |
|      |                          |                |
|      |                          |                |
|      |                          |                |

Diese Erzählung ist ziemlich langweilig, weil sie kaum innere Handlung hat.

▶ Um sie interessanter zu machen, wähle aus den Vorschlägen unten die passenden aus und füge sie an der richtigen Stelle in die Erzählung ein. (Achtung! Die Vorschläge sind nicht geordnet.)

1  Als ich nach einem Besuch bei meinen Großeltern auf dem Weg nach Hause war, hatte ich ein Erlebnis, das

2  mir bestimmt niemand glauben wird.

3  Es war schon fast dunkel und ich ging ziemlich schnell. Als ich an dem kleinen Wäldchen ganz in der Nähe

4  unseres Hauses angekommen war, hörte ich plötzlich ein merkwürdiges Geräusch. Es klang wie das Niesen

5  eines Igels. Ich blieb stehen, konnte aber nichts entdecken. Als ich weitergehen wollte, sagte jemand leise:

6  „Erschrick nicht, ich bin ein Außerirdischer, aber du kannst mich nicht sehen. Wir gehören nämlich zu der

7  Sorte von Außerirdischen, die ihr Erdenmenschen nicht sehen könnt." Dann erzählte er mir noch, dass er

8  mit dem Auftrag zur Erde geschickt wurde, das Leben der hier wohnenden Menschen zu erforschen.

9  Da er nicht wusste, wohin, nahm ich ihn mit nach Hause. Wenn er sich still verhielt, würden meine Eltern

10  nichts merken, er war ja unsichtbar.

11  So lebte er einige Wochen bei uns. Wir hatten viel Spaß miteinander. Ich konnte eine Menge von ihm lernen.

12  Dafür unterstützte ich ihn bei der Erledigung seines Auftrages. So verging die Zeit. Eines Tages sagte er:

13  „So, mein Auftrag ist erledigt. Ich muss zurück." Er verabschiedete sich und ich winkte ihm noch lange

14  nach, obwohl ich ihn ja gar nicht sehen konnte.

---

**?** 1. Ich wurde sehr traurig, denn wir waren richtige Freunde geworden, und der Gedanke an Abschied tat mir weh. – 2. Obwohl ich eigentlich kein Angsthase bin, klopfte mir das Herz bis zum Hals, denn das war doch zu unheimlich. – 3. Zuerst dachte ich, jemand will mir einen Streich spielen, doch dann musste ich erkennen, dass er die Wahrheit sagte. – 4. Innerlich freute ich mich, denn ein solcher unsichtbarer Gefährte könnte recht nützlich sein. – 5. Ich bewunderte ihn vor allem wegen seiner Klugheit und Kameradschaft. – 6. Dabei war mir das Herz ziemlich schwer, denn ich ahnte, dass ich ihn nie wiedersehen würde. – 7. Bis heute habe ich diesen lieben Kerl nicht vergessen.

---

| Nr.: | wird eingefügt in Zeile: | nach dem Wort: |
|------|--------------------------|----------------|
|      |                          |                |
|      |                          |                |
|      |                          |                |
|      |                          |                |
|      |                          |                |
|      |                          |                |
|      |                          |                |

MÜNDLICHES UND SCHRIFTLICHES ERZÄHLEN

Hartmut Lange: Wie kann ich das ausdrücken?
© Persen Verlag GmbH, Buxtehude

Wenn man eine bereits bekannte Geschichte aus der Sicht einer zur Handlung gehörenden Person erzählt, wirkt sie plötzlich ganz anders. Die Gedanken und Gefühle des Erzählers sind jetzt viel intensiver. Die Leser sehen die Figuren nun in einem ganz anderen Licht. Versuche es einmal!

▶ Beginne zunächst mit etwas Einfachem. Erzähle das Volksmärchen „Rotkäppchen" aus der Sicht von Rotkäppchen.
Bedenke dabei: Rotkäppchen sieht sich selbst sicher anders als der Märchenerzähler. Sie hält die Warnungen der Mutter vielleicht nur für übertriebene Vorsicht. Sie kennt den Wolf nicht als böses Tier und glaubt, dass er sie aus reiner Freundlichkeit auf die Blumen im Wald aufmerksam macht. Sie kann die Angst, die sie beim Betreten des Hauses der Großmutter hatte, viel besser beschreiben als der Märchenerzähler. Schreibe das „neue" Märchen nun auf.

▶ Versuche nun, das Kunstmärchen „Des Kaisers neue Kleider" von Hans Christian Andersen aus der Sicht des Kaisers zu erzählen.
Dabei musst du Folgendes beachten: Der Kaiser glaubt, er sei ein guter und kluger Mensch. Er hält seine Untergebenen für ehrliche Leute, die ihren Kaiser lieben. Er denkt, die Schneider sind große Künstler. Bevor du beginnst zu erzählen, überlege, ob noch weitere Änderungen zu beachten sind. Jetzt schreibe das geänderte Märchen auf.

▶ Suche dir nun selbst eine Erzählung aus deinem Lesebuch aus und erzähle sie aus der Sicht einer bestimmten Figur neu.
Erarbeite zuerst eine Übersicht, was du alles verändern musst, und schreibe dann die bearbeitete Erzählung auf.

## 2. 2 Sprachliches Gestalten schriftlicher Erzählungen

Die Übungen zur sprachlichen Gestaltung sollen den Schülerinnen und Schülern bewusst machen, dass ein großer Teil des Erfolges beim Erzählen auch davon abhängt, wie man die sprachlichen Mittel einsetzt. Auch hier sollten zunächst geeignete positive Beispiele analysiert werden, an denen sie erkennen, wie man ausdrucksstarke Bezeichnungen für Handlungen, Dinge und Eigenschaften findet, wie man die Mittel der Satzbildung und der wörtlichen Rede gezielt einsetzt.

Die folgenden Übungsangebote beziehen sich in erster Linie auf das Finden ausdrucksstarker Bezeichnungen für Handlungen, Dinge und Eigenschaften.

In diesem Zusammenhang soll den Schülerinnen und Schülern bewusst gemacht werden, dass der Bezeichnungswechsel zum einen dem variantenreichen sprachlichen Ausdruck dient, zum anderen aber auch verdeutlichen kann, dass man Dinge aus verschiedenen Blickwinkeln sieht (z. B.: *junge Katze – niedliches Etwas*).

Die Schülerinnen und Schüler sollen erfahren, dass man mit Wörtern auch „spielen" kann, und Spaß an der Wortschatzgestaltung entwickeln.

▶ Ersetze die fett gedruckten Begriffe durch ausdrucksstärkere. Wähle aus den Vorschlägen unten aus und trage die entsprechenden Nummern in die Tabelle ein.

Julius, Hannes und Philipp sind meine besten Freunde. Jeden Nachmittag **sind** wir zusammen und wir haben immer viel Spaß. So war es auch gestern. Gleich nach der Schule trafen wir uns auf dem Sportplatz. Aber an Fußballspielen war nicht zu denken. Die ganze vorige Nacht hatte es **geregnet**, so war das Spielfeld ziemlich aufgeweicht und man lief darauf **recht unsicher**. Plötzlich hatte Philipp eine Idee: „Lasst uns in den Wald gehen und Pilze sammeln. Nach diesem Regen müssen die doch **recht gut wachsen**. Erst fanden wir diesen Vorschlag langweilig, aber der Gedanke, **zum Abendbrot Pilze zu essen**, war doch recht verlockend.

Um in den Wald zu gelangen, mussten wir einen schmalen, aber tiefen Bach überqueren. Die Brücke war jedoch **ein Stück** entfernt und keiner hatte Lust, so weit zu laufen. „Wisst ihr was", sagte Julius, „wir springen einfach über den Bach." „Und wenn wir es nicht schaffen?", gab ich zu bedenken. **„Ach was"**, antwortete Julius, „das schafft jeder." Er sprang auch gleich los und landete ohne Schaden auf der anderen Seite. Dann war ich dran.

Auch ich schaffte es. Nun sollte Hannes springen. Er **ging** erst ein paarmal hin und her. Anscheinend traute er sich nicht. „Na los", riefen wir hinüber, „sein kein Frosch." Dann sprang er endlich. Aber irgendwie musste er falsch abgesprungen sein, denn er schaffte es nicht. Wir bekamen zuerst einen Schreck, haben dann aber **gleich** zugepackt, bevor er bis zum Bauchnabel im Schlamm versinken konnte. Mit vereinten Kräften zogen wir ihn heraus.

An die Pilze war jetzt natürlich nicht mehr zu denken. Hannes war bis über die Knie nass und **fror**. Wir mussten ihn schnell nach Hause bringen. Bei dem Gedanken an **den Ärger**, der uns dort erwartete, war uns auch nicht gerade wohl. Auf alle Fälle schworen wir uns, nicht noch einmal so leichtsinnig zu sein.

---

**?** 1. blitzschnell – 2. wie aus Gießkannen geschüttet – 3. Du Angsthase – 4. schlich –
5. an eine köstliche Pilzmahlzeit – 6. verbringen – 7. nur so aus der Erde schießen –
8. kilometerweit – 9. wie auf Eiern – 10. zitterte vor Kälte – 11. das Donnerwetter

---

| | Nr.: | | Nr.: |
|---|---|---|---|
| sind | | Ach was | |
| geregnet | | ging | |
| recht unsicher | | gleich | |
| recht gut wachsen | | fror | |
| zum Abendbrot Pilze zu essen | | den Ärger | |
| ein Stück | | | |

▶ Ersetze die fett gedruckten Begriffe durch ausdrucksstärkere. Wähle aus den Vorschlägen unten aus und trage die entsprechenden Nummern in die Tabelle ein.

Diese Geschichte ist beinahe unglaublich. Und wenn ich sie nicht **selbst** erlebt hätte, würde ich sie wahrscheinlich **nicht glauben**.

Es geschah im vergangenen Winter. Ich war auf dem Weg von der Schule nach Hause und freute mich schon auf meinen Computer. Lea hatte mir ein neues Spiel geliehen und das wollte ich gleich ausprobieren. Es war schon **nicht mehr richtig hell** und man konnte alles nicht mehr so richtig erkennen. Plötzlich sah ich in der Ferne ein pinkfarbenes **Licht**. Erst dachte ich, dass man am Supermarkt eine neue Leuchtreklame angebracht hätte. Aber als ich näher kam, **sah** ich auf der großen Wiese hinter dem Supermarkt ein eigenartiges Ding. Es sah aus wie ein riesiger Suppenteller mit Rädern, auf dem ein **riesiger** Hut lag. Und dieses **Ding** leuchtete pinkfarben.

Ich war mir sicher, das konnte nur ein UFO sein. Und tatsächlich, plötzlich stiegen ganz komisch aussehende Wesen aus und kamen auf mich zu. Grün waren sie, kugelrund, und jedes hatte vier Arme. Je näher sie kamen, umso gruseliger wurde mir. Jetzt konnte ich auch ihre **hässlichen Gesichter** erkennen. Ich bekam furchtbare Angst und wollte weglaufen, aber ich war wie gelähmt. Blitzschnell packten sie zu und zerrten mich in ihr UFO. Ich **sagte**: „Lasst mich frei, ich habe euch doch nichts getan." „Nichts da", brüllten sie mit donnernder Stimme, „wir wollen erforschen, wie die Erdlinge leben und wovon sie sich ernähren. Du bist unser Forschungsobjekt, und damit wir dich in Ruhe beobachten können, nehmen wir dich mit auf unseren Planeten Vorcan." **Ich fror** vor Angst und ich suchte fieberhaft nach einem Ausweg. Schließlich hatte ich eine Idee. Ich nahm all meinen Mut zusammen und sagte mit fester Stimme: „Wenn ihr uns erforschen wollt, ist es doch besser, wenn ihr zwei Exemplare habt. Ich gehe zu meiner Freundin Paula und frage sie, ob sie mitkommt." Ich hatte eigentlich nicht geglaubt, dass sie **einverstanden sein** würden, aber sie ließen mich gehen. „Beeile dich aber!", brüllten sie mir noch hinterher. Ich lief, so schnell ich konnte, nach Hause und versteckte mich in meinem Zimmer. Als meine Eltern nach Hause kamen, erzählte ich ihnen alles. Natürlich glaubten sie mir kein Wort. Aber ich schwöre, ich habe das tatsächlich erlebt.

---

**?** 1. Mir lief es eiskalt den Rücken hinunter – 2. grässliche Fratzen – 3. darauf hereinfallen – 4. am eigenen Leib – 5. erblickte – 6. gewaltiger – 7. Monstrum – 8. schrie entsetzt – 9. für eine Lüge halten – 10. etwas schummrig – 11. Leuchten

---

| | Nr.: | | Nr.: |
|---|---|---|---|
| selbst | | Ding | |
| nicht glauben | | hässlichen Gesichter | |
| nicht mehr richtig hell | | sagte | |
| Licht | | Ich fror | |
| sah | | einverstanden sein | |
| riesiger | | | |

Hartmut Lange: Wie kann ich das ausdrücken?
© Persen Verlag GmbH, Buxtehude

Finde für die fett gedruckten Begriffe bessere Ausdrücke. Bedenke, dass durch Anschaulichkeit die gesamte Erzählung spannender werden kann.

Ich bin eigentlich jemand, auf den Verlass ist. Wenn man mich um einen Gefallen bittet, **mache** ich es auch immer sehr gewissenhaft. So war es auch am vergangenen Mittwoch. Meine Oma fragte mich, ob ich einen Brief für sie zur Post bringen würde. Ich **freute mich nicht** darüber, denn eigentlich hatte ich **einen Termin** mit meinen Freunden. Wir wollten auf den Bolzplatz zum Fußballspielen. Aber ich wusste auch, dass Oma nicht mehr gut laufen konnte.

Also nahm ich den Brief und ging **lustlos** los. „Pass aber gut auf", rief mir Oma noch hinterher, „in dem Umschlag sind ganz wichtige **Sachen**, die dürfen nicht verloren gehen."

An der nächsten Ecke kamen mir meine Freunde entgegen. „He, Sebastian," riefen sie, „zum Bolzplatz geht es in die andere Richtung." Ich **sagte**: „Ich kann nicht, ich muss einen wichtigen Brief meiner Oma zur Post bringen." „Mann", war die Antwort, „die Post hat bis 18.00 Uhr geöffnet. Das schaffst du immer noch. Komm erst mal mit Fußball spielen, dann bringen wir den Brief zusammen weg." Ich ließ mich **bequatschen** und ging mit. Bevor wir anfingen, legte ich den Brief auf eine Bank und **legte** meine Jacke darüber, um zu verhindern, dass er wegfliegt oder schmutzig wird. Nach dreißig Minuten beendeten wir unser Spiel. Während wir noch über das Foul von Julian **sprachen**, schnappte ich meine Jacke und zog sie an. Plötzlich fiel mir Omas Brief ein. Aber er lag nicht mehr auf der Bank. Auch nicht darunter.

Ich **erschrak**. Omas wichtiger Brief war weg. Auch meine Freunde konnten mir nun nicht helfen. **Nicht gerade glücklich** machte ich mich auf den Heimweg. Auf einmal hörte ich eine Stimme: „He, du! Ist das dein Brief?" Ein alter Mann stand hinter mir und hielt Omas Brief in der Hand. „Er hing im Gebüsch neben der Bank", sagte er. Dorthin hatte ich ihn wahrscheinlich aus Versehen geschleudert, als ich die Jacke nahm. **Froh** nahm ich den Brief und rannte zur Post. Ich schaffte es gerade noch so. Erschöpft, aber zufrieden ging ich nach Hause.

mache _____

freute mich nicht _____

einen Termin _____

lustlos _____

Sachen _____

sagte _____

bequatschen _____

legte _____

sprachen _____

erschrak _____

Nicht gerade glücklich _____

Froh _____

▶ Diese Erzählung sollst du nun ganz selbstständig sprachlich verbessern.
Überlege, welche Ausdrücke nicht so gut sind und wie sie ersetzt werden können.

Inga und ich waren immer ganz gute Freundinnen. Fast unsere ganze Freizeit verbrachten wir zusammen. Wir machten zusammen Hausaufgaben, wir waren zusammen in einer Theatergruppe, wir feierten zusammen alle Geburtstage. Wir waren so gut wie unzertrennlich.

Auf Inga war auch immer Verlass. Egal, worum ich sie bat, sie tat es für mich. Umgekehrt natürlich auch. Als mich neulich die blonde Lisa aus der 6b blöd anmachte, stand Inga gleich auf der Matte und geigte ihr die Meinung. Ich war wirklich froh, eine solche Freundin zu haben.

Vor einigen Tagen kam sie vor der Schule ziemlich nervös zu mir; sie weinte sogar fast. „Du, Julia, kannst du mir helfen? Ich musste gestern den ganzen Tag auf den kleinen Tom, den Sohn unserer Nachbarin, aufpassen. Dabei habe ich die Hausaufgaben für Deutsch total vergessen. Kannst du mir helfen?" Mir war klar, dass es Inga nicht mehr schaffen würde, die Aufgaben selbst zu lösen. „Also gut", sagte ich, „schreib meine einfach ab." Ganz froh war ich mit dieser Lösung nicht. Aber Inga war ja meine Freundin. Sie bedankte sich ganz herzlich, denn sie war gerettet.

Einige Tage später schrieben wir eine Mathearbeit. Mathe war mein Lieblingsfach. Ich schrieb und schrieb, denn die Lösungen fielen mir leicht. So merkte ich gar nicht, dass ein Zettel mit Lösungen von Übungsaufgaben neben meiner Arbeit lag. Ich musste ihn wohl aus Versehen mit aus dem Ranzen gezogen haben. Aber Inga sah ihn. Sofort meldete sie sich und sagte: „Herr Bauer, Julia benutzt einen Spicker!" Ich dachte, ich höre nicht richtig. Ausgerechnet Inga, meine beste Freundin. Sie wusste doch, dass das kein Spicker war. Warum tat sie das? Natürlich glaubte auch Herr Bauer, dass das ein Spicker war. Also bekam ich eine Sechs wegen Betrugsversuchs.

Ich war entsetzt, dass Inga unsere Freundschaft auf diese blöde Weise verraten hat. Ich habe mit ihr seitdem natürlich kein Wort mehr gesprochen. So weiß ich bis heute nicht, warum Inga das getan hat.

| nicht gelungener Ausdruck: | wird ersetzt durch: |
|---|---|
|  |  |
|  |  |
|  |  |
|  |  |
|  |  |
|  |  |
|  |  |

Hartmut Lange: Wie kann ich das ausdrücken?
© Persen Verlag GmbH, Buxtehude

## 2. 3  Der Zusammenhang zwischen Grammatik und Stil

Auch bei der Arbeit am Erzählen sollten bestimmte Schwerpunkte aus dem Bereich Grammatik genutzt werden, um den Schülerinnen und Schülern zu verdeutlichen, wie sie durch die Anwendung solider grammatischer Kenntnisse interessante und sprachlich gelungene Erzählungen gestalten können.

Dabei ist sicherlich nicht zu empfehlen, die nachfolgenden Übungen als in sich geschlossenen Komplex – gewissermaßen hintereinander weg – absolvieren zu lassen. Vielmehr sollte die Lehrerin/der Lehrer selbst entscheiden, wo welche Übung bei der Behandlung inhaltlicher Schwerpunkte eingesetzt werden kann, um so die Verbindung zu entsprechenden grammatischen Kenntnissen herzustellen.

Im Zusammenhang mit dem Erzählen bietet es sich an, an zwei grammatischen Themenbereichen zu arbeiten:

### 2. 3. 1  Aufgaben zum Wortartwechsel

Die Ersatzprobe wird genutzt, um damit die erworbenen Kenntnisse zu den Wortarten **Pronomen** und **Adverb** – und ihren Leistungen – bei eigenen Textproduktionen anzuwenden und zu vertiefen.

### 2. 3. 2  Aufgaben zu klaren Satzstrukturen

Die Schülerinnen und Schüler sollen lernen, **eindeutige, klar verständliche Sätze** zu formulieren, indem sie ihre Kenntnisse über Satzstrukturen verbessern.

In den folgenden Übungen werden Informationen eines Satzes als Satzglied in einen anderen Satz eingefügt, Nebensätze in Satzglieder und Satzglieder – in unübersichtlichen Sätzen – in Nebensätze umgewandelt.

▶ Hier wird in jeweils drei aufeinanderfolgenden Sätzen das gleiche Nomen verwendet. Ersetze es durch Personalpronomen, um so einen besseren Ausdruck zu erzielen.

**Beispiel:**

| | |
|---|---|
| **Mein Freund** wollte mich zum Fußballspielen abholen. Heute hatte ich jedoch keine Lust, mit **meinem Freund** zusammen zu sein. Aber **mein Freund** verstand das leider nicht und war eingeschnappt. | **Mein Freund** wollte mich zum Fußballspielen abholen. Heute hatte ich jedoch keine Lust mit **ihm** zusammen zu sein. Aber **er** verstand das leider nicht und war eingeschnappt. |

1. Meine Mutter wollte am Wochenende Kuchen backen. Ich hatte meiner Mutter versprochen, dabei zu helfen. Als ich aber am Sonnabend mit meiner Freundin unterwegs war, hatte ich meine Mutter völlig vergessen.

_____

_____

2. Wir hatten uns einen neuen Wellensittich gekauft. Als ich den Wellensittich zu Hause aus der Transportschachtel nahm, lagen schon einige Federn daneben. „Hoffentlich ist der Wellensittich nicht krank", dachte ich.

_____

_____

3. Meine Eltern hatten einen neuen Computer gekauft. Ich durfte den Computer ab und an für die Hausaufgaben benutzen. Als mein Vater merkte, dass ich den Computer nur zum Spielen verwendete, bekam ich Computerverbot.

_____

_____

4. Meine Schwester kann manchmal ganz schön zickig sein. Neulich kam meine Schwester in mein Zimmer und nahm ohne zu fragen meinen Fineliner. Da bin ich sofort meiner Schwester hinterhergerannt und habe ihr den Stift wieder weggenommen.

_____

_____

5. Ich besitze einen eigenen Hund. Dieser Hund gehört zur Rasse der Huskys. Einmal im Monat gehe ich mit meinem Hund zum Hundeschlittentraining.

_____

_____

Hartmut Lange: Wie kann ich das ausdrücken?
© Persen Verlag GmbH, Buxtehude

Nomen oder Wortgruppen in adverbialer Bedeutung lassen sich durch einzelne Adverbien ersetzen.

**Beispiel:**

| Meine Eltern besitzen **ein kleines Grundstück** an der Ostsee. Ich bin immer sehr gern **auf diesem Grundstück**, weil ich das Baden in der See mag. Auch unsere Bekannten fahren oft zum Entspannen **auf dieses Grundstück**. | Meine Eltern besitzen **ein kleines Grundstück** an der Ostsee. Ich bin immer sehr gern **dort**, weil ich das Baden in der See mag. Auch unsere Bekannten fahren oft zum Entspannen **dorthin**. |

▶ Ersetze nun in den folgenden Sätzen die entsprechenden Wortgruppen durch Adverbien.

1. Verwende Lokaladverbien (Adverbien des Ortes):

   Ich habe eine Freundin in Bayern. Ich kenne sie seit drei Jahren. Damals haben wir unseren Urlaub in Bayern verbracht. Leider komme ich nur einmal im Jahr nach Bayern, sodass wir uns leider viel zu selten sehen.

   _____

   _____

   _____

2. Verwende Modaladverbien (Adverbien der Art und Weise):

   Ich habe einen Freund, den ich sehr bewundere, weil er fast alles ohne Hilfe kann. So hat er z. B. sein Zimmer ohne Hilfe renoviert und eingerichtet. Auch alle seine Modellschiffe konstruiert und baut er ohne Hilfe.

   _____

   _____

   _____

3. Verwende Temporaladverbien (Adverbien der Zeit):

   Meine Eltern erzählten mir vor kurzem, was sie als Kinder vor 30 Jahren so gespielt haben. Vor 30 Jahren war zum Beispiel Jojo ein ganz beliebtes Spiel. Ich staunte, dass man vor 30 Jahren schon Spiele hatte, die wir heute noch kennen.

   _____

   _____

   _____

4. Verwende Kausaladverbien (Adverbien des Grundes):

   Sophie hatte eine Erkältung und musste das Bett hüten. Wegen der Erkältung konnte sie natürlich nicht zur Schule gehen. Sie verpasste wegen der Erkältung leider auch den Wandertag, der ein tolles Erlebnis für die Klasse war.

   _____

   _____

   _____

▶ Gestalte jeweils die beiden zusammengehörigen Sätze zu einem um, indem du die Informationen des einen Satzes als Satzglied in den anderen einfügst.

**Beispiel:**

| Jeden Nachmittag treffen wir uns auf dem Bolzplatz. **Dieser Bolzplatz liegt am Rande unseres Wohngebietes.** | Jeden Nachmittag treffen wir uns auf dem Bolzplatz **am Rande unseres Wohngebietes.** |
|---|---|

1. Nachmittags spiele ich mit meinen Freundinnen oft Monopoly. Meine Freundinnen sind Maria, Karola und Stefanie.

_____

_____

2. In meiner Freizeit lese ich gern. Die Bücher müssen aber spannend sein.

_____

3. Meine Mutter besitzt eigenes Geschäft. In diesem Geschäft bietet sie Kindermoden zum Verkauf an.

_____

4. Bettina erzählte mir neulich ein Erlebnis ihres Bruders Klaus. Klaus ist zwei Jahre älter als Bettina.

_____

5. Ich hatte neulich ein unglaubliches Erlebnis. Dieses Erlebnis fand am vergangenen Sonnabend statt.

_____

6. Moritz versuchte, den Handschuh aus dem See zu fischen. Das versuchte er mit einem Stöckchen.

_____

7. Gestern kam meine Tante Grete zu Besuch. Tante Grete wohnt in Kiel.

_____

8. Zu wichtigen Beratungen ziehen wir uns immer in unsere Höhle zurück. Diese Höhle ist geheim und liegt irgendwo im Wald.

_____

_____

9. Diese Geschichte erzählte mir Henning. Henning ist mein Freund und einen besseren Freund habe ich nicht.

_____

_____

Hartmut Lange: Wie kann ich das ausdrücken?
© Persen Verlag GmbH, Buxtehude

▶ Gestalte diese Satzgefüge verständlicher, indem du die Nebensätze in einfache Satzglieder umwandelst.

**Beispiel:**

| Unser Auto, **das sich meine Eltern erst vor ein paar Tagen gekauft hatten**, sprang mal wieder nicht an. | Unser **neues** Auto sprang mal wieder nicht an. |

1. Ich erfuhr, dass ich im Lotto gewonnen hatte, erst am nächsten Tag.

_____

2. Dadurch, dass mein Banknachbar unaufmerksam war, hatte er Frage unseres Mathelehrers nicht verstanden.

_____

_____

3. Das Haus, das an der Straßenecke stand, musste wegen Baufälligkeit abgerissen werden.

_____

_____

4. Benjamin erzählte mir gestern davon, dass ihm ein großes Missgeschick widerfahren war.

_____

5. Miriam versuchte, die Situation dadurch zu retten, dass sie immer neue Ausreden erfand.

_____

_____

6. Max blieb wie angewurzelt stehen, weil er sehr erschrocken war.

_____

7. Wohin sie auch schaute, war unübersichtliches Gebüsch.

_____

8. Das Geräusch, das ich als sehr unheimlich empfand, machte mir ziemlich Angst.

_____

9. Ich dachte daran, dass bald Weihnachten sein würde, und mir wurde ganz wohl zumute.

_____

_____

10. Meine Freunde wollten die Tür öffnen, indem sie einen Nachschlüssel benutzten.

_____

Auch „einfache" Sätze können ihre Wirkung verfehlen. Wenn man nämlich versucht, zu viele Satzglieder in einem Satz unterzubringen, werden sie ebenfalls unübersichtlich und schwer verständlich.

▶ **Gestalte die folgenden Sätze so um, dass sie verständlicher werden. Ersetze dabei ein Satzglied durch einen Nebensatz.**

**Beispiel:**

| | |
|---|---|
| Wegen der Sperrung der Straße in Neudorf am vergangenen Wochenende musste der ganze Verkehr über Burgdorf umgeleitet werden. | Weil die Straße in Neudorf am vergangenen Wochenende gesperrt war, musste der ganze Straßenverkehr über Burgdorf umgeleitet werden. |

1. Mit der Nagelfeile meines Freundes aus dessen Federtasche konnte ich das Schloss des Schulranzens öffnen.

   _____

   _____

2. Wegen des vom Sturm zerstörten Daches unserer Schule fiel der Unterricht für drei Tage aus.

   _____

   _____

3. Der Maibaum mitten auf dem Festplatz unseres Dorfes sah wunderschön aus.

   _____

   _____

4. Zur Besserung der Stimmung unter ihren Mitschülerinnen erzählte Leonie einige lustige Geschichten.

   _____

   _____

5. Der Außerirdische trug einen mit elektrischen Fangarmen versehenen, sich schleimig anfühlenden, giftgrünen Overall.

   _____

   _____

6. Wegen der schweren Hanteln für das Krafttraining in meiner Sporttasche konnte ich nicht so schnell davonlaufen.

   _____

   _____

7. Durch meine Erfahrungen im Umgang mit Hunden aus dem Training im Hundesportverein konnte ich das Tier schnell beruhigen.

   _____

   _____

Hartmut Lange: Wie kann ich das ausdrücken?
© Persen Verlag GmbH, Buxtehude

## 2. 4 Sprecherisches Gestalten mündlicher Erzählungen

Aus verschiedenen Gründen ist es zu empfehlen, mit der Arbeit am mündlichen Erzählen erst zu beginnen, wenn die Schülerinnen und Schüler bereits über ausreichend Sicherheit im inhaltlichen und sprachlichen Gestalten von Erzählungen verfügen, wenn sie also das schriftliche Erzählen umfassend geübt haben. Nur dann wird es ihnen gelingen, sich im erforderlichen Maße auf die für das mündliche Erzählen unabdingbaren sprecherischen Gestaltungsmittel zu konzentrieren.

Die Schülerinnen und Schüler sollen zu der Erkenntnis geführt werden, dass eine inhaltlich und sprachlich gut gestaltete Erzählung erst ihre volle Wirkung erzielt, wenn sie mit guter Betonung vorgetragen wird.

Sie lernen bei den Übungen grundlegende sprecherische Mittel kennen und trainieren, diese beim Erzählen der Wirkungsabsicht entsprechend einzusetzen. Der bewusste Einsatz und die Beherrschung der folgenden diesbezüglichen Kenntnisse werden trainiert:

| | |
|---|---|
| **Stimme** | Eine Stimme kann knarren, schrill, weinerlich sein, angenehm warm klingen, klirren, brüchig wie bei einem kranken, alten Menschen wirken usw. |
| **Sprechtempo** | Man kann in normalem Tempo sprechen, überhastet schnell sprechen, jedes einzelne Wort deutlich betonen, alles in die Länge ziehen, hinter den Sätzen besonders lange Pausen machen usw. |
| **Lautstärke** | Man kann flüstern, lauter als normal sprechen, rufen, schreien, brüllen usw. |

Dabei sollen die Schülerinnen und Schüler kontinuierlich befähigt werden, zwischen Wirkungsabsicht und sprecherischem Gestalten einen unmittelbaren Zusammenhang zu sehen und diesen beim mündlichen Erzählen ständig zu berücksichtigen.

Zunächst soll der Einsatz der sprecherischen Mittel an vorgegebenem Sprachmaterial geübt werden, um die Schülerinnen und Schüler dann nach und nach zu deren Gebrauch beim Erzählen eigener Geschichten zu befähigen. Durch die Analyse und Korrektur ihrer eigenen Leistungen entwickeln sie zunehmend Sicherheit beim sprecherischen Gestalten von Erzählungen.

Bei den folgenden Übungen, mit denen die Schülerinnen und Schüler erste Sicherheit im Umgang mit sprecherischen Ausdrucksmitteln gewinnen sollen, wird von bekanntem Textmaterial ausgegangen, damit sie sich ausschließlich auf das sprecherische Gestalten konzentrieren können.

▶ Lies den Text aufmerksam durch, suche die passenden Betonungshinweise von Arbeitsblatt 30/2 und lies die Geschichte dann unter Beachtung dieser Hinweise deinen Zuhörern vor.

Nun war's schon der dritte Morgen, dass sie das Haus ihres Vaters verlassen hatten. Sie fingen wieder an zu gehen, aber sie gerieten immer tiefer in den Wald und wenn nicht bald Hilfe kam, so mussten sie verhungern.

Als es Mittag war, gelangten sie an ein Häuschen. Als sie näher herankamen, sahen sie, dass das Häuslein aus Brot gebaut war und ein Dach aus Kuchen hatte; die Fenster aber waren aus hellem Zucker.

Hänsel sprach: „Da wollen wir uns dranmachen und eine ordentliche Mahlzeit halten. Ich will ein Stück vom Dach essen – und du, Gretel, kannst vom Fenster naschen. Das schmeckt süß. Komm, hilf mir, ein großes Stück abzubrechen."

Plötzlich hörten sie von innen eine feine Stimme: „Knusper, knusper, Knäuschen, wer knuspert an meinem Häuschen?"

Erschrocken wichen die Kinder zurück und antworteten: „Der Wind, der Wind, das himmlische Kind."

Da ging auf einmal die Türe auf und eine steinalte Frau, die sich auf eine Krücke stützte, kam herausgeschlichen. Hänsel und Gretel erschraken noch mehr und ließen fallen, was sie in den Händen hielten.

Die Alte aber sprach: „Ei, ihr lieben Kinder, wer hat euch hierher gebracht? Kommt nur herein und bleibt bei mir, es geschieht euch kein Leid."

Im Häuschen war gutes Essen aufgetragen: Milch und Pfannkuchen mit Zucker, Äpfel und Nüsse.

Hartmut Lange: Wie kann ich das ausdrücken?
© Persen Verlag GmbH, Buxtehude

Danach wurden zwei schöne Bettchen weiß gedeckt und
Hänsel und Gretel legten sich hinein.

Die Alte hatte sich aber nur verstellt. In Wirklichkeit war
sie eine böse Hexe, die Kindern auflauerte. Sie hatte das
Brothäuschen nur gebaut, um sie herbeizulocken.

Am nächsten Morgen stand sie vor den Betten der Kinder
und murmelte: „Die habe ich, die sollen mir nicht wieder
entwischen! Der Hänsel wird ein guter Bissen werden."

Dann schrie sie: „Gretel, steh auf, du Faulenzerin. Koch
deinem Bruder etwas Gutes. Er soll fett werden. Und wenn
er fett ist, so will ich ihn essen."

**Betonungshinweise:**

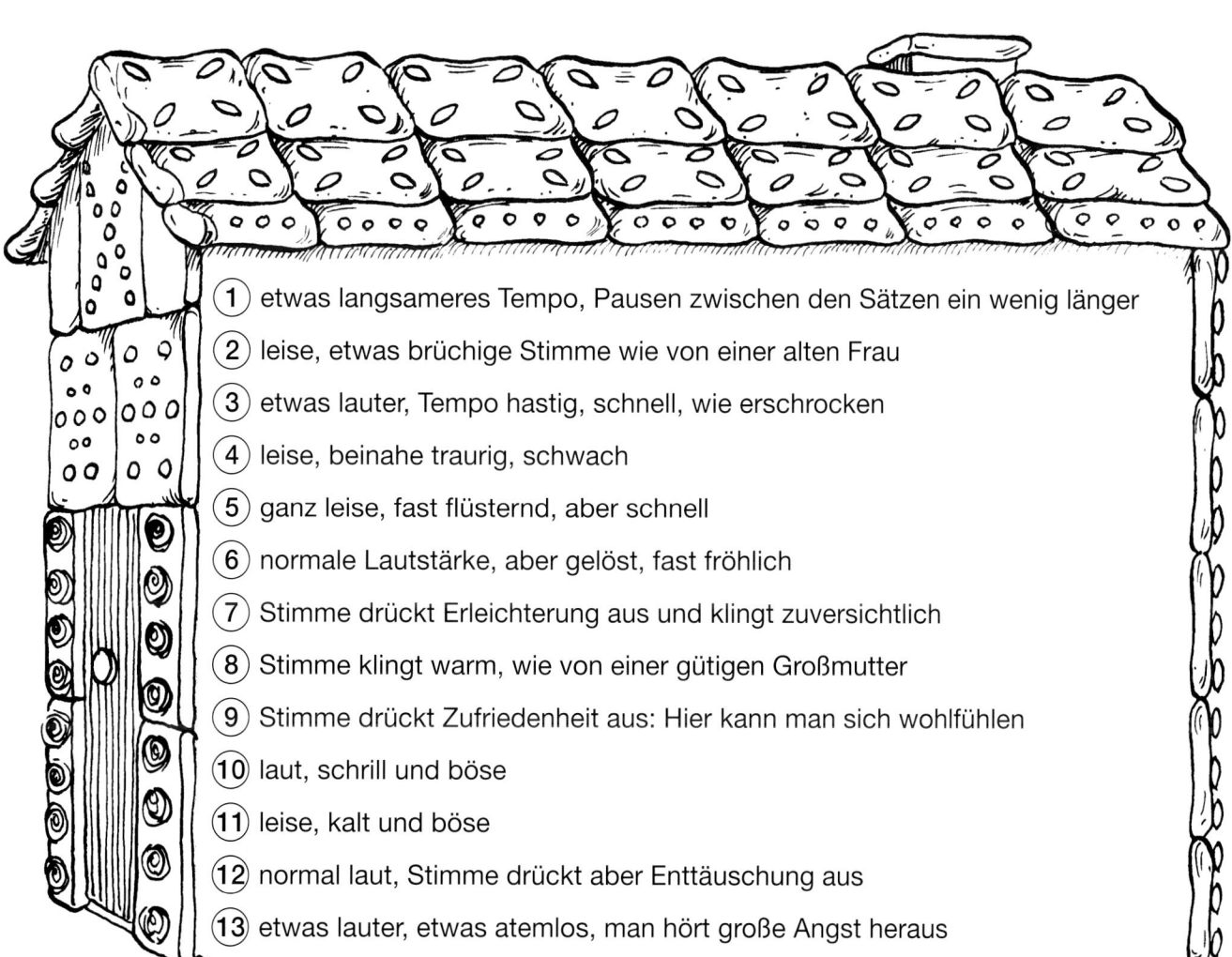

1. etwas langsameres Tempo, Pausen zwischen den Sätzen ein wenig länger
2. leise, etwas brüchige Stimme wie von einer alten Frau
3. etwas lauter, Tempo hastig, schnell, wie erschrocken
4. leise, beinahe traurig, schwach
5. ganz leise, fast flüsternd, aber schnell
6. normale Lautstärke, aber gelöst, fast fröhlich
7. Stimme drückt Erleichterung aus und klingt zuversichtlich
8. Stimme klingt warm, wie von einer gütigen Großmutter
9. Stimme drückt Zufriedenheit aus: Hier kann man sich wohlfühlen
10. laut, schrill und böse
11. leise, kalt und böse
12. normal laut, Stimme drückt aber Enttäuschung aus
13. etwas lauter, etwas atemlos, man hört große Angst heraus

**1** Überlege hier selbst, wie du richtig betonen kannst, und mache dir entsprechende Notizen. Lies den Text anschließend vor.

Nun trug es sich einmal zu, dass die goldene Kugel der Königstochter nicht aufgefangen wurde, sondern auf die Erde schlug und direkt ins Wasser fiel. Die Königstochter versuchte noch, sie zu erwischen, aber der Brunnen war zu tief.

Die Königstochter fing an zu weinen: „O weh, meine schöne Kugel. Sie war mein Lieblingsspielzeug und so wertvoll. Was wird mein Vater, der König, sagen, wenn ich ohne die Kugel heimkomme? Ich bin ja so unglücklich!"

Plötzlich rief jemand: „Was ist mit dir, Königstochter? Du schreist ja, dass sich ein Stein erbarmen möchte. Hat dir jemand ein Leid angetan? Tut dir etwas weh?"

Da erblickte sie den Frosch und sagte: „Ach du bist es, hässlicher alter Wasserpatscher. Scher dich fort, du kannst mir sowieso nicht helfen, meine goldene Kugel aus dem Brunnen zu holen." Dann begann sie wieder zu weinen.

Der Frosch erwiderte jedoch: „Sei still und weine nicht. Ich kann dir sehr wohl helfen. Aber was gibst du mir, wenn ich dein Spielzeug wieder heraufhole?"

„Was du haben willst, lieber Frosch", rief sie erfreut, „meine Kleider, meine Perlen und Edelsteine, auch die goldene Krone, die ich trage!"

„Das mag ich alles nicht", sagte der Frosch, aber wenn du mich lieb haben willst und ich soll dein Geselle und dein Spielkamerad sein, an deinem Tischlein neben dir sitzen, von deinem goldenen Tellerchen essen, aus deinem Becherlein trinken, in deinem Bettchen schlafen – wenn du mir das versprichst, will ich dir die goldene Kugel wieder heraufholen."

„Ach ja", sagte sie, „ich erfülle dir alle deine Wünsche. Bring mir nur rasch meine Kugel aus dem Brunnen wieder!" Aber sie dachte: „Der dumme Frosch, was der nur schwätzt. Der hockt im Wasser bei den anderen Fröschen und kann niemals der Geselle eines Menschen sein."

**2** Wähle nun selbst eine Erzählung aus (eine Geschichte aus deinem Lesebuch oder eine selbst geschriebene Erzählung) und bereite sie zum Vortrag vor, indem du dir überlegst, was du wie betonen willst.

## 2. 5  Selbstständiges Gestalten von Erzählungen

Nun sollten die Schülerinnen und Schüler das Gestalten eigener Erzählungen üben. Sie wenden ihre erworbenen Kenntnisse zum Gestalten einer Erzählung an, um ihre eigenen Ausarbeitungen kritisch einzuschätzen, Gelungenes von nicht Gelungenem zu unterscheiden, zu erkennen, was überarbeitet werden muss.

Bei den auf **Kopiervorlage 32, Aufgabe 2** vorgeschlagenen Themen soll die Schülerin/der Schüler darüber hinaus auch selbstständig und gezielt die sprecherischen Mittel einsetzen.

**1** Werde jetzt selbst kreativ und gestalte eine eigene Erzählung. Hier findest du einige Themenvorschläge.

① Wie ich aus Versehen Schaden angerichtet habe

② Wie ich gerade noch einem (selbst verschuldeten) Unglück entgangen bin

③ Wie ich durch eine Dummheit eine Freundschaft aufs Spiel gesetzt habe

④ Wie ich eine „Heldentat" begangen habe

⑤ Wie mir jemand aus der Patsche geholfen hat,

⑥ Wie ich eine wunderschöne Überraschung erlebt habe

⑦ Wie sich etwas „Gefährliches" als ganz harmlos erwies

⑧ Wie ich einen intergalaktischen Ausflug unternommen habe

⑨ Wie einige meiner Freunde bösen Zauberern in die Hände fielen

⑩ Wie Hänsel und Gretel ins 22. Jahrhundert gebeamt wurden, und was sie da erlebten

**2** Nun sollst du selbst einmal „Schriftsteller" und „Schauspieler" zugleich sein: Schreibe zu einem der folgenden Themen eine interessante und spannende Erzählung, überarbeite sie, bis sie dir richtig gut gefällt, und trage sie anschließend mit überzeugender Betonung vor.

① Wer andern eine Grube gräbt, fällt selbst hinein

② Wie ich einmal jemandem erfolgreich einen Streich gespielt habe

③ Wie eine Mutprobe beinahe schiefgegangen wäre

④ Die Geschichte von jemandem, der seine Angst überwunden hat und so etwas Erstaunliches leistete

⑤ Fantasiegeschichte: Der unheimliche Besuch der Astro-Mäuse

⑥ Ein Märchen, in dem Frau Holle eine ganz andere Rolle spielt als in dem bekannten Volksmärchen

⑦ Ein Till-Eulenspiegel-Streich, den es bisher noch nicht gegeben hat

⑧ Eine Geschichte, die beweist, dass Tiere keinesfalls dumm sind

Hartmut Lange: Wie kann ich das ausdrücken?
© Persen Verlag GmbH, Buxtehude

# 3 Über Geschehnisse berichten

Beim Berichten geht es darum, ein einmaliges Geschehen wahrheitsgetreu wiederzugeben, sodass ein Hörer oder Leser eine eindeutige Vorstellung davon gewinnt.

Somit ist es eine Sprachhandlung, mit der wir in allen Bereichen des Lebens konfrontiert werden. Nahezu täglich ergibt sich die Notwendigkeit, über bestimmte Ereignisse aus der Gesellschaft, der Kunst, der Wissenschaft oder über Alltägliches zu berichten, um andere zu informieren, zur Klärung eines Sachverhaltes beizutragen usw.

Auch die Schülerin/der Schüler steht im Unterricht ständig vor der Aufgabe, sich mit Berichten auseinanderzusetzen. Er liest bzw. hört Berichte zur Wissensaneignung oder er muss Berichte verfassen, um andere auf die unterschiedlichste Weise zu informieren (Leistungskontrollen, Berichte über eigene Verhaltensweisen bzw. Verhaltensweisen anderer usw.).

Berichte treten in sehr unterschiedlichen Erscheinungsformen auf: Protokoll, Augenzeugenbericht, Erlebnisbericht, Lebenslauf usw. Diese im täglichen Leben auftretende Vielfalt kann natürlich im Unterricht nicht im Einzelnen behandelt werden. Hier muss auf grundlegendes Wissen und Können orientiert werden, um so eine effektive Entwicklung von Handlungskompetenz zu erzielen, mit der die Schülerinnen und Schüler jegliche Situation, in der Berichten erforderlich ist, eigenständig und erfolgreich bewältigen.

In den ersten Jahrgängen der Sekundarstufe bedeutet das, dass sich die Schülerinnen und Schüler folgendes Wissen aneignen:

- ▣ Die Auswahl der Einzelheiten und die sprachliche Gestaltung des Berichtes hängen vom **Zweck der Mitteilung** und vom **Kommunikationspartner** ab.

- ▣ Der Bericht ist eine **sachbezogene** Mitteilungsform; subjektive Empfindungen und Gefühle sind weitgehend auszuschalten.

Daraus leiten sich folgende Übungsschwerpunkte ab:

### 3. 1 Die Trennung des Wesentlichen vom Unwesentlichen in Abhängigkeit von der Kommunikationsabsicht
Die Schülerinnen und Schüler sollen die Einzelheiten und die Darstellungsweise des Berichtes selbstständig aus den Anforderungen der Aufgabe ableiten können.
Die Schülerinnen und Schüler sollen den Stoff in Abhängigkeit vom Mitteilungszweck auswählen und anordnen.

### 3. 2 Die Proportionalität von Sachlichem und Emotionalem
Die Schülerinnen und Schüler sollen sachbezogen und zusammenhängend formulieren und bewusst sprachliche Mittel einsetzen, um sich klar und knapp zu äußern.

Der im Folgenden empfohlene Übungsaufbau beinhaltet eine schrittweise Herausbildung der einzelnen Komponenten der doch sehr komplexen Handlungskompetenz bezüglich des Berichtens. Dabei sollen sich die Schülerinnen und Schüler zunächst analytisch-synthetisch mit vorgegebenem Sprachmaterial auseinandersetzen, um so bereits eine gewisse Sicherheit zu entwickeln, mit der sie an die Produktion eigener Texte herangehen können.

## 3. 1 Die Trennung des Wesentlichen vom Unwesentlichen in Abhängigkeit von der Kommunikationsabsicht

Die hier vorgeschlagenen Übungen sollen dazu beitragen, die Schülerinnen und Schüler zu befähigen, beim Berichten zwischen wesentlichen und unwesentlichen Angaben zu unterscheiden. Sie erkennen, dass es die wesentlichen Angaben schlechthin bei einem Bericht nicht gibt, sondern dass die Auswahl vom Mitteilungszweck bestimmt wird. Sie lernen, aus dem jeweiligen Stoff unter dem Aspekt der Kommunikationsabsicht (Für wen ist der Bericht und wozu soll er dienen?) auszuwählen und die nur dafür relevanten Angaben beim Berichten zu verwenden. Ihnen wird so verdeutlicht, dass es unter Umständen völlig unterschiedliche Berichte zu ein und demselben Geschehen geben kann.

Bei den **Kopiervorlagen 33 und 34** wird den Schülerinnen und Schülern eine stichpunktartige Stoffsammlung zu einem Geschehen vorgegeben, aus der sie unter unterschiedlicher Kommunikationsabsicht die unwesentlichen Angaben aussondern sollen. Aus den verbliebenen Stichpunkten soll dann ein Bericht verfasst werden.

Bei **Kopiervorlage 35** wird von einem bereits ausformulierten Bericht ausgegangen, der unter einem anderen Mitteilungszweck umformuliert werden soll. Die Bewertung der sprachlichen Bewältigung dieser Aufgabe soll hier zunächst von sekundärer Bedeutung sein.

Thomas kann wegen einer Krankheit längere Zeit nicht zur Schule kommen. Damit er nicht zu viel versäumt, hat ihm seine Freundin Inga versprochen, immer dann einen schriftlichen Bericht vorbeizubringen, wenn wichtiger neuer Stoff behandelt wurde. Diese Berichte kann Thomas dann nutzen, um den Stoff zu Hause nachzuarbeiten. Damit Inga nichts vergisst, macht sie sich während der Stunden schon einige Stichpunkte.

**1** Einige Punkte sind für Thomas unwichtig und müssen ausgesondert werden. Übernimm diese Aufgabe. Klammere die unwesentlichen Stichpunkte mit Bleistift ein.

- wir hatten Orthografie (Rechtschreibung)

- Frau Mayer kam fünf Minuten zu spät, deshalb keine Hausaufgabenkontrolle

- als Erstes: Wiederholung der Regel zur Schreibung des stimmlosen S-Lautes

- drei Schüler beherrschten sie immer noch nicht

- Ulrike sagte sie fehlerfrei auf

- die Regel lautet: stimmloser S-Laut nach langem Vokal wird „ß" geschrieben, nach kurzem Vokal steht „ss"

- schriftliche Wiederholungsübung zur S-Laut-Schreibung: Sprachbuch, S. 94, Nr. 3 und 4

- fast die Hälfte der Klasse hatte null Fehler

- Ankündigung des neuen Stoffes: Schreibung von „das/dass"

- Frau Mayer erläuterte Vorgehensweise zur Unterscheidung an der Tafel

- Regeln: 1. Als Begleiter eines sächlichen Nomens (Neutrums) steht „das",

  2. Ersatzprobe machen: lässt es sich durch „welches" oder „jenes/dieses" ersetzen, steht „das". Ist die Ersatzprobe nicht möglich, steht „dass".

- Notieren der Regeln in den Deutschhefter

- geplante Übung zur Schreibung von das/dass wurde nicht mehr geschafft

**2** Formuliere einen Zweck und Umstände, unter denen die oben genannten Rechtschreibregeln aus dem Bericht herausgelassen werden könnten.

_____

_____

_____

_____

_____

Maike hat mit ihrem Fahrrad einen Unfall verursacht. Dabei ist Schaden entstanden. Damit ihn die Haftpflichtversicherung ersetzt, muss Maikes Vater einen Unfallbericht anfertigen. Dazu hat er sich nach Maikes Aussagen zunächst die folgenden Stichpunkte notiert:

- der Unfall geschah am 12.06.2002 gegen 7.35 Uhr an der Kreuzung Goetheallee und Böttchergasse

- am Abend vorher hatte Maike die abgenutzten Bremsgummis ihrer Vorderradbremse selbst ausgetauscht, weil sie das Geld für den Fahrradmechaniker sparen wollte

- am Morgen des Unfalltages hatte sie sich beim Frühstück Kakao über das T-Shirt gegossen, musste sich deshalb noch einmal umziehen, war somit ziemlich spät dran

- sie war sehr wütend über das Missgeschick und wollte die verlorene Zeit wieder aufholen

- sie nahm ihr Fahrrad aus dem Keller und fuhr sehr schnell Richtung Schule

- sie schaute dabei nicht nach vorn, sondern nach unten, um die reparierte Bremse zu beobachten

- sie bremste an der Einmündung zur Goetheallee nicht ab, nahm so dem Schüler Martin Sauer die Vorfahrt, fuhr ihm ins Hinterrad und brachte ihn so zu Fall

- Martin weinte vor Wut, Maike entschuldigte sich bei ihm

- bei Martin entstandener Schaden: Hinterrad und Schutzblech müssen ausgewechselt werden, zerrissener Anorak muss ersetzt werden, Schadenssumme ca. 250,- Euro

- verletzt wurde niemand

- Maike tut die Sache sehr leid

**1** Welche Angaben sind für den Unfallbericht an die Versicherung unwesentlich? Sondere sie aus, indem du sie mit Bleistift dünn durchstreichst.

**2** Verfasse auf der Grundlage der verbliebenen Angaben den Unfallbericht für die Versicherung und schreibe ihn in dein Übungsheft.

**3** Maike möchte sich in einem Brief an Martin für den angerichteten Schaden entschuldigen. Dabei möchte sie über das Geschehen so berichten, dass Martin ein gewisses Verständnis für sie hat. Welche der oben stehenden Stichpunkte sind deiner Meinung nach dann wesentlich? Kreuze sie mit einem Farbstift an (Achtung, jetzt können auch Stichpunkte wieder wesentlich sein, die du in Aufgabe 1 durchgestrichen hast!).

**4** Schreibe nun Maikes Brief an Martin in dein Übungsheft.

Hartmut Lange: Wie kann ich das ausdrücken?
© Persen Verlag GmbH, Buxtehude

Hannes ist auf dem Weg vom Schulhaus zur Turnhalle gestürzt und hat sich dabei erheblich verletzt. Frau Schmidt, die Schulsekretärin, muss diesen Vorfall nun ins Unfallmeldebuch der Schule eintragen. Dazu hat sie einen Schüler aus Hannes´ Klasse gebeten, kurz und wahrheitsgemäß aufzuschreiben, was er gesehen hatte. Hier ist dessen Bericht:

Nachdem es zum Pausenende geklingelt hatte, verließen wir wie immer den Schulhof durch den hinteren Ausgang. Dabei mussten wir uns an einigen Schülern der 9a vorbeizwängen, die dort herumstanden.

Die Treppe, die den Schulhof mit dem Weg zur Turnhalle verbindet, war mit feuchtem Laub übersät. Da aber alle sehr vorsichtig gingen, passierte kein Unfall. Auch auf dem Weg zwischen Treppe und Turnhalle lag ebenfalls viel Laub.

Plötzlich hörte ich, wie Sascha zu Hannes sagte: „Du hast Herrn Müller gepetzt, dass ich keine Hausaufgaben gemacht habe. Das wirst du mir büßen."

Ich dachte schon, dass jetzt eine Prügelei beginnen würde, Sascha tat jedoch nichts weiter. Aber Hannes drehte sich um, um zu sehen, ob von Sascha wirklich keine Gefahr ausging. In diesem Augenblick stolperte er über eine Wurzel und fiel in ein paar Glasscherben, die dort herumlagen. Dabei gingen seine Jeans kaputt und er zerschrammte sich sein linkes Knie. An der rechten Hand hatte er eine stark blutende Schnittwunde von den Glasscherben. Es sah aber viel schlimmer aus, als es war.

Ob Hannes nun die Wurzel nicht gesehen hat, weil er nach hinten zu Sascha schaute oder weil diese durch das viele Laub verdeckt war, weiß ich nicht.

**1** Natürlich ist der Bericht viel zu lang. Er lässt sich deutlich kürzen, wenn man wirklich nur das Wesentliche aufschreibt. Sondere also alles Unwesentliche aus und schreibe den verkürzten Bericht in dein Übungsheft.

**2** Frau Schmidt berichtet auch gleich dem Hausmeister von dem Unfall, damit er dafür sorgt, dass die Unfallgefahren auf diesem Weg beseitigt werden. In diesem Bericht werden sicherlich einige andere Dinge wesentlich sein. Schreibe du jetzt den Bericht an den Hausmeister in dein Übungsheft.

## 3. 2  Die Proportionalität von Sachlichem und Emotionalem

Die folgenden Übungen sollen dazu beitragen, dass die Schülerinnen und Schüler erkennen, dass Sachlichkeit eine unbedingte Voraussetzung für eine objektive Berichterstattung ist und dass Emotionalität die Meinungsbildung des Hörers/Lesers auf nicht gewollte Art und Weise beeinflussen kann.

Die Schülerin/Der Schüler lernt, sich auf sachliche Angaben zu konzentrieren und die Kommunikationsabsicht störende emotionale Aussagen zu vermeiden.

Bei den **Kopiervorlagen 36, 37 und 38** sollen die störenden emotionalen Angaben ausgesondert und die Berichte unter Beachtung der Sachlichkeit umformuliert werden.

Tina, die Klassensprecherin der 6b, soll einen Vorschlag erarbeiten, was man am nächsten Wandertag unternehmen könnte. Dazu bittet sie einige Mitschüler aus den Parallelklassen, ihr kurz zu berichten, was die an ihrem letzten Wandertag unternommen haben, um eventuell eine nachahmenswerte Anregung zu bekommen. Stefan aus der 6c hat sich zunächst folgende Stichpunkte notiert.

- morgens um 8.00 Uhr von der Schule losgegangen, Ziel: Neuenkirchen

- nicht den kurzen Weg über die Straße genommen, sondern zwei Stunden durch Wald und Wiesen gelaufen, war stinklangweilig und kam mir ewig vor

- habe mir nasse Strümpfe und kalte Füße geholt, weil ich nur Sandalen anhatte, war echt sauer

- unterwegs an einem Wildgehege Rast gemacht, zahme Rehe gefüttert und seltenen weißen Hirsch gesehen, konnte nicht verstehen, wie begeistert einige davon waren, ich fand es nicht toll

- 10.30 Uhr in Neuenkirchen angekommen, kurze Verschnaufpause im Stadtpark, wo man einen herrlichen Blick auf die Altstadt hat

- 11.00 Uhr Besuch des Technikmuseums in Altenkirchen

- hier sind alte Motorräder und Autos verschiedener Hersteller ausgestellt, anhand von Funktionsmodellen werden die Arbeitsweisen von Diesel- und Ottomotor demonstriert, alte Landmaschinen verdeutlichen den Stand der Technik auf dem Lande vor 40 Jahren

- bin ein absoluter Technikfan und war total begeistert, für mich war die Zeit von einer Stunde viel zu kurz, ich hätte den ganzen Tag im Museum bleiben können

- 12.00 Uhr Rückweg zur Schule angetreten, diesmal über einen gut ausgebauten Wanderweg parallel zur Landstraße, war nicht so langweilig, denn ich konnte die Autos auf der Straße beobachten

- pünktlich 13.30 Uhr wieder in der Schule angekommen

**1** Einige dieser Stichpunkte entsprechen nicht der Forderung nach Sachlichkeit. Streiche sie dünn mit Bleistift durch.

**2** Schreibe unter Verwendung der verbliebenen Stichpunkte den Bericht für Tina.

---

---

---

---

---

---

---

---

Der Kaufhausdetektiv hat bei einer Kontrolle in der Tasche eines Jungen eine CD gefunden. Die Frage, ob er diese CD auch bezahlt habe, bejahte der Junge. Den Kassenzettel konnte er allerdings nicht vorweisen. Da der Detektiv nun wissen wollte, ob der Junge die CD gestohlen hatte oder nur der Kassenzettel verlorengegangen war, bat er Nancy, die in der Nähe des Jungen stand, zu berichten, was sie beobachtet hatte. Hier ist ihr Bericht:

Also, ich kenne diesen Jungen ziemlich gut. Er heißt Tim Heidenreich und wohnt in der Schillerstraße 23, das ist genau gegenüber unserem Haus. Eigentlich kann ich Tim ganz gut leiden, denn er ist immer sehr nett.

Als ich in die Musikabteilung kam, sah ich ihn vor dem Regal mit den CDs stehen, er hatte gerade eine CD seiner Lieblingsgruppe in der Hand. Ich finde diese Gruppe schauderhaft, aber das ist ja Geschmackssache. Jedenfalls stand er da und war so in das Lesen der Titel vertieft, dass er mich gar nicht sah. Ich hätte ihn ja gerne erschreckt, aber so gemein wollte ich dann doch nicht sein.

Nach einer ganzen Weile stellte er die CD ins Regal zurück. Dann ging er in eine Ecke, nahm sein Portemonnaie heraus und zählte sein Geld. Einmal, zweimal. Dann schüttelte er enttäuscht den Kopf und steckte das Portemonnaie traurig wieder ein. Anscheinend hatte er nicht genug Geld dabei, um die CD zu kaufen. Irgendwie tat er mir leid, denn ich wusste, dass er sehr wenig Taschengeld bekommt, sodass er sich kaum mal einen Extrawunsch erfüllen kann. Aber leider konnte ich ihm auch nicht helfen.

Schließlich ging Tim langsam auf den Ausgang zu. Dabei warf er noch einmal einen sehnsüchtigen Blick auf seine Lieblings-CD. Auf einmal sah er sich mehrfach um, als ob er sich vergewissern wollte, dass ihn niemand beobachtete. Dann griff er blitzschnell ins Regal und steckte die CD in seine Tasche.

Tim hat das ganz sicher nicht aus Böswilligkeit getan, er wollte sich nur auch einmal einen Extrawunsch erfüllen.

**1** Da Nancy offensichtlich Mitleid mit Tim hat, ist ihr Bericht nicht immer sachlich. Streiche alles, was nicht der sachlichen Berichterstattung dient, dünn mit Bleistift durch.

**2** Berichte nun so über den Vorfall, wie es der Kaufhausdetektiv tun würde.

_____

_____

_____

_____

_____

_____

_____

_____

Susanne war zufällige Zeugin eines Verkehrsunfalls. Die Polizisten vor Ort baten sie zu berichten, was sie gesehen hatte, damit sie die Unfallursache ermitteln konnten. Das sagte Susanne:

Am Mittwoch, dem 24. April 2002, gegen 13.50 Uhr, wollte ich mir am Imbissstand in der Goetheallee einen Hamburger kaufen. Ich gehe nach der Schule öfter hierher, weil es an diesem Stand die besten Hamburger der ganzen Stadt gibt. Während ich bezahlte, sah ich in einiger Entfernung einen etwa 10-jährigen Jungen, der mit einem Hund spielte. Es war ein wunderschöner Zwergpudel und ich bewunderte seine Gelehrigkeit. Er schien jedes Wort des Jungen ganz genau zu verstehen.

Plötzlich musste er vor irgendetwas erschrocken sein, denn er rannte blitzschnell über die Straße und wollte Richtung Stadtpark flüchten. Der Junge tat mir ein wenig leid und ich dachte: „Hoffentlich erwischt er den Hund noch, bevor er auf Nimmerwiedersehen verschwindet." Der Junge dachte scheinbar das Gleiche, denn er rannte sofort los, dem Hund hinterher. Dabei muss er das Auto auf der Straße, das schon gefährlich nah war, nicht gesehen haben. Ich wollte ihn noch warnen, aber ich war wie gelähmt vor Schreck.

Auch der Autofahrer war anscheinend erschrocken, aber versuchte noch auszuweichen. Dabei geriet er auf den Fahrradweg und streifte einen dort stehenden Laternenmast.

Mit zitternden Knien lief ich zur Unfallstelle, um zu helfen. Aber Gott sei Dank war niemand verletzt. Der Sachschaden war zum Glück auch nicht so schlimm.

❶ Da Susanne anscheinend noch sehr aufgeregt war, hat sie auch Gedanken und Gefühle geäußert. Dadurch könnte die Ermittlung von Unfallhergang und -ursache erschwert werden. Streiche alles, was nicht der sachlichen Information dient, dünn mit Bleistift durch.

❷ Schreibe den Bericht so um, dass er von der Polizei ins Unfallprotokoll übernommen werden kann, ohne dass er noch einmal überarbeitet werden muss.

_____

_____

_____

_____

_____

_____

_____

_____

_____

_____

_____

## 3. 3  Der Zusammenhang zwischen Grammatik und Stil

Die hier empfohlenen Übungen zur Verdeutlichung des Zusammenhangs zwischen grammatischen Kenntnissen und effektiver und zielgerichteter Sprachanwendung sind als Anregungen zu verstehen. Die Lehrerin/Der Lehrer wählt entsprechend der konkreten Lerngruppensituation die relevanten Übungen aus bzw. setzt durch selbst entwickelte Übungen andere grammatische Schwerpunkte. Wichtig ist, dass den Schülerinnen und Schülern verdeutlicht wird, wie solides grammatisches Wissen zu effektiver Sprachanwendung führt.

In Abhängigkeit von der Darstellungsform „Bericht" wurden folgende Übungsschwerpunkte ausgewählt:

### 3. 3. 1  Aufgaben zur Verwendung von Synonymen

Die Schülerinnen und Schüler sollen ihren Wortschatz erweitern. Sie sollen lernen, Wortwiederholungen zu vermeiden und sich genauer und nuancenreicher auszudrücken.

### 3. 3. 2  Aufgaben zur Textverknüpfung

Ein Satz wird eingeteilt in Vorfeld, gebeugte Verbform und Nachfeld. Die Schülerinnen und Schüler lernen, durch unterschiedliche Besetzung des Vorfeldes Eintönigkeit im Satzbau zu vermeiden. Darüber hinaus können sie durch entsprechende Auswahl der Satzglieder einzelne Sätze besser zu einer Einheit verknüpfen.

### 3. 3. 3  Aufgaben zur Verwendung des Passivs

Beim Berichten muss man oft Handlungen darstellen, ohne deren Handlungsträger zu kennen. Die Schülerinnen und Schüler lernen, dass das Passiv als Handlungsrichtung des Verbs hier eine Möglichkeit bietet, dies knapp und präzise zum Ausdruck zu bringen.

▶ Gestalte den folgenden Ausschnitt aus einem Bericht abwechslungsreicher, indem du die fett gedruckten Ausdrücke durch passende Synonyme ersetzt. Wähle unten aus den Vorschlägen aus. Achtung: Nicht alle Synonyme sind geeignet!

Unsere Klasse **machte** am vergangenen Freitag eine Wanderung. Unser Ziel war das Technikmuseum. Bevor wir losgingen, **machte** unser Klassenlehrer noch eine Belehrung über das Verhalten im Straßenverkehr.

Dann setzten wir uns Bewegung. Wir **machten** von Anfang an ein bisschen **Tempo**, weil wir ja pünktlich im Technikmuseum sein wollten. Es **machte** nämlich bereits 13.00 Uhr **zu** ... Vor dem Museum war ein Schnellimbiss. Dort **machten** wir noch eine kurze **Rast**. Der Museumsdirektor selbst **machte** dann für uns die Führung. Es war eine interessante und lehrreiche Stunde. Normalerweise sollte sich jede Klasse einmal **auf den Weg** zum Technikmuseum **machen**.

 herstellen – unternehmen – schließen – fabrizieren – durchführen – schnell gehen – vorlesen – ausruhen – leiten – übernehmen – geben – besuchen

| ursprünglicher Ausdruck: | Synonym: |
|---|---|
| | |
| | |
| | |
| | |
| | |
| | |
| | |

▶ In den folgenden kurzen Textausschnitten lässt sich eine Ausdrucksverbesserung durch den Einsatz von Synonymen erreichen. Entscheide selbst, welche Wörter du durch Synonyme ersetzen willst.

1. Der Mann stand lange Zeit vor dem Regal mit den CDs. Nachdem der Mann die CD heimlich in seine Tasche gesteckt hatte, ging er schnell. Dort wurde der Mann vom Kaufhausdetektiv gestellt.

2. Mein Klassenkamerad wollte in das Schulhaus gehen. Dabei wurde er von einem anderen Klassenkameraden geschubst. Dabei stolperte mein Klassenkamerad und fiel hin.

3. Wir trafen gegen 6.30 Uhr vor der Schule ein. Aber die Schule war noch abgeschlossen und wir mussten draußen warten. Nach einiger Zeit war ein merkwürdiges Geräusch aus dem Innern der Schule zu hören.

4. Der Unfall ereignete sich gegen 16.00 Uhr. Ein blauer Pkw kam mit hoher Geschwindigkeit die Lessingstraße entlang. Obwohl die Ampel auf Rot stand, verringerte sich die Geschwindigkeit des Pkws nicht. Auf der Kreuzung stieß dann der Pkw mit einem Motorrad zusammen.

5. Eine Kundin hat den Vorfall genau beobachtet. Da die Kundin ganz in der Nähe des Verdächtigen stand, ist ihre Aussage glaubwürdig. Nach Aussage der Kundin hat dieser keinen Diebstahl begangen.

6. Das Mädchen ging ohne auf den Verkehr zu achten über die Straße. Dort wurde das Mädchen von einem Radfahrer gestreift und verletzt. Ein Rettungswagen brachte das Mädchen ins Krankenhaus.

7. Der Kellner stolperte über einen Hund; dabei kamen die Tassen und Teller auf seinem Tablett ins Rutschen. Ehe ich helfen konnte, fielen die Tassen und Teller zu Boden. Nun konnte er nur noch die zerbrochenen Tassen und Teller zusammenfegen.

| Satz Nr.: | ursprünglicher Ausdruck: | Synonym: |
|---|---|---|
|  |  |  |
|  |  |  |
|  |  |  |
|  |  |  |
|  |  |  |
|  |  |  |
|  |  |  |

Hartmut Lange: Wie kann ich das ausdrücken?
© Persen Verlag GmbH, Buxtehude

Oft ist es nicht einfach, einzelne Sätze so miteinander zu verknüpfen, dass sie zu einem in sich geschlossenen Text verschmelzen. Außer den Adverbien der Zeit **dann**, **danach** und **daraufhin** fällt einem meist nicht sehr viel ein. Durch die Besetzung des Vorfeldes kann man dieses Problem lösen. Man setzt also gezielt das Satzglied, das auf etwas Bezug nimmt, das vom vorangegangenen Satz her schon bekannt ist, vor die gebeugte Verbform.

▶ Setze bei den folgenden Satzpaaren das fett gedruckte Satzglied ins Vorfeld und stelle fest, ob sich der Ausdruck dadurch verbessert oder verschlechtert hat.

**Beispiel:**

| | |
|---|---|
| Ich beantwortete dem Polizisten alle seine Fragen wahrheitsgemäß. Danach hielt ich **all dies** noch einmal schriftlich in einem Protokoll fest. | Ich beantwortete dem Polizisten alle seine Fragen wahrheitsgemäß. **All dies** hielt ich noch einmal schriftlich in einem Protokoll fest. |

1. Meine Eltern füllten die Schadensmeldung für die Versicherung aus. Dann steckten sie **dieses Formular** in einen Briefumschlag und brachten ihn sofort zur Post.

   _____

   _____

2. Für die nächste Englischstunde sollten wir einen Text übersetzen. Einige von uns erledigten **diese Aufgabe** gleich in der nachfolgenden Pause.

   _____

   _____

3. Am Montag, dem 14. Mai, sollte unsere erste Klassenfahrt stattfinden. Wir hatten uns schon lange **auf dieses Ereignis** gefreut.

   _____

   _____

4. Ich brach ein paar Äste von einem Baum ab. Meine Freunde gaben mir ihre Schals. Dann schienten wir **mit diesen Hilfsmitteln** das Bein von Tobias.

   _____

   _____

5. In dem alten, unbewohnten Haus brannte auf einmal Licht. Mir kam **das Ganze** ziemlich verdächtig vor.

   _____

   _____

6. Kurz vor der Schule merkte ich, dass ich meine Sportsachen vergessen hatte. Ich rannte **deshalb** noch einmal nach Hause.

   _____

   _____

▶ **Bei den folgenden Satzpaaren sollst du selbst entscheiden, welches Satzglied du in das Vorfeld setzen kannst, um so den Ausdruck zu verbessern.**

1. Hannes und ich waren auf dem Weg zum Fußballtraining. Wir kamen auf dem Weg dahin am Parkplatz in der Steinstraße vorbei.

   _____

   _____

2. Meine Tante wollte schnell zum Einkaufen in die Stadt fahren. Es wurde daraus leider nichts, weil das Auto nicht ansprang.

   _____

   _____

3. In der letzten Hofpause wurde Karen von Torsten ziemlich geärgert. Sie warf ihm vor Wut einen Tennisball an den Kopf.

   _____

   _____

4. Florian beobachtete, wie der Mann eine Flasche Rasierwasser in einen Plastikbeutel gleiten ließ. Danach versteckte er diesen Beutel unter seiner Jacke.

   _____

   _____

5. Sebastian warnte mich vor dem Glatteis auf den Stufen der Schultreppe. Ich hatte das aber vorher schon selbst gesehen.

   _____

   _____

6. Andreas und Leonie wollen zusammen eine mehrtägige Fahrradtour machen. Sie planen dieses Unternehmen schon seit einem Monat.

   _____

   _____

7. Wir haben vom Hochsitz aus die Rehe mit dem Fernglas beobachtet. Tom ist später leider über eine Baumwurzel gestolpert und hat sich den Fuß verstaucht.

   _____

   _____

   _____

Hartmut Lange: Wie kann ich das ausdrücken?
© Persen Verlag GmbH, Buxtehude

Mit Hilfe des Verbs können zwei Handlungsrichtungen verdeutlicht werden: **Aktiv** und **Passiv**.

Das **Passiv** wendet man an, wenn

a) betont werden soll, **was geschah**, und nicht wichtig ist, wer es getan hat,

b) der **Handlungsträger unbekannt** ist,

c) der **Handlungsträger** durch den vorausgegangenen Text bereits **eindeutig identifiziert** wurde.

Alle diese Fälle können beim Berichten auftreten und deshalb muss man genau abwägen, ob manchmal die Verwendung der passiven Ausdrucksweise günstiger ist.

▶ Setze die fett gedruckten Sätze ins Passiv. Achte auf die richtigen Zeitformen.

1. Felix ging vorsichtig die vereiste Treppe hinunter. **Irgendeiner stieß ihn plötzlich von hinten an.** Dabei erschrak er und fiel hin.

   _____

2. Nach einer einstündigen Wanderung waren wir auf einer Waldlichtung angekommen. **Wir legten hier eine kurze Rast ein.** Nach zehn Minuten brachen wir wieder auf, um pünktlich am Forsthaus zu sein.

   _____

3. Als ich an die Kasse kam, sprach mich eine Verkäuferin an. **Vor wenigen Minuten hatte jemand einen teuren CD-Player gestohlen.** Sie wollte wissen, ob ich etwas gesehen hatte.

   _____

4. In der Pause diskutieren wir darüber, wohin unsere Klassenfahrt gehen sollte. Wir hatten viele Ideen, aber so richtig einigen konnten wir uns nicht. **Schließlich stimmten wir über die drei besten Vorschläge ab.**

   _____

5. Ich sah eine verängstigte Katze hoch oben im Baum. Offensichtlich fehlte ihr der Mut, selbst wieder nach unten zu klettern. **Also musste jemand sie unbedingt herunterholen**, sonst würde sie verhungern.

   _____

6. Als Berit nach dem Unterricht ihr Fahrrad nehmen wollte, erlebte sie eine böse Überraschung. **Irgendjemand hatte ihr den hinteren Reifen zerstochen.** Sie sagte sofort dem Schulleiter Bescheid, der gleich die Polizei anrief.

   _____

▶ **Bei den folgenden Beispielen sollst du selbst entscheiden, welchen Satz du ins Passiv setzen musst, um eine Ausdrucksverbesserung zu erreichen. Schreibe diesen Satz auf.**

1. Toni, Marion und ich bereiteten unseren Klassenfasching vor. Wir gingen mit Begeisterung an diese Aufgabe heran. Als Erstes schmückten wir den Klassenraum.

   _____

   _____

2. Herr Schmidt hatte sein Auto in einer Nebenstraße geparkt. Als er nach einer Stunde zurückkam, fand er es nicht mehr. Anscheinend hatte es irgendjemand in der Zwischenzeit gestohlen.

   _____

   _____

3. Der Dieb wurde der Polizei übergeben. Nach der Befragung kontrollierte sie dessen Reisetasche. Darin fand die Polizei noch mehr Diebesgut.

   _____

   _____

4. Gestern Nachmittag hat jemand in der Schmuckabteilung des Kaufhauses eine Uhr im Wert von 350,- Euro gestohlen. Die Polizei hat sofort die Ermittlungen aufgenommen. Bis jetzt gibt es aber noch keine Anhaltspunkte.

   _____

   _____

5. In der Nacht zum Freitag hat jemand die Feuerwehr in die Fischerstraße gerufen. Dort war ein defekter Lkw in Brand geraten. Der entstandene Schaden war aber nur gering.

   _____

   _____

6. Die Klassensprecherin wollte von uns wissen, welche Vorschläge wir für den nächsten Wandertag hätten. Ines meinte, dass wir doch ins Puppenmuseum gehen könnten. Wir lehnten diesen Vorschlag einstimmig ab.

   _____

   _____

7. Ich hatte mich riesig auf meine Geburtstagsparty gefreut. Als endlich alle Gäste da waren, tranken wir Kaffee. Alle aßen so viel Kuchen, dass er kaum reichte.

   _____

   _____

Hartmut Lange: Wie kann ich das ausdrücken?
© Persen Verlag GmbH, Buxtehude

▶ In diesem Schülerbericht über den letzten Klassenausflug kann eine Ausdrucksverbesserung erreicht werden, wenn man in drei Sätzen statt des Aktivs das Passiv verwendet. Finde diese Sätze und forme sie um.

Am Mittwoch, dem 23. April 2002, fuhren wir nach Berlin, um dort das Historische Museum zu besuchen und einige Sehenswürdigkeiten der Hauptstadt näher kennenzulernen. Um 8.00 Uhr morgens trafen uns vor der Schule. Wir durften aber noch nicht gleich in den Bus einsteigen. Vorher belehrte uns Herr Kleinschmidt noch über das Verhalten im Straßenverkehr. Dann fuhren wir los. Kurz vor der Auffahrt auf die Autobahn hielt die Polizei unseren Bus an. Man kontrollierte die Verkehrssicherheit des Fahrzeuges. Nach zwei Stunden Fahrt kamen wir vor dem Museum an. Zunächst informierte uns jemand über die einzelnen Themenbereiche der Ausstellung. Dann begann eine einstündige Führung. Da sie sehr interessant war, verging die Zeit wie im Fluge. Am interessantesten war für uns alle der Teil der Ausstellung, der sich mit der Zeit nach 1989 in Deutschland beschäftigt.

Nach dem Museumsbesuch zeigte uns noch jemand einige der interessantesten Sehenswürdigkeiten der Stadt. Wir sahen zum Beispiel das Brandenburger Tor, den Reichstag und die Gedächtniskirche.

Gegen 14.00 Uhr traten wir die Heimreise an.


1. Satz: _____

_____

_____

_____


2. Satz: _____

_____

_____

_____


3. Satz: _____

_____

_____

_____

## 3. 4 Selbstständiges Verfassen von Berichten

Nach der Arbeit an **vorgegebenem Sprachmaterial** sollen die Schülerinnen und Schüler die dabei gewonnenen Kenntnisse und Fähigkeiten bei der **eigenen Textproduktion** anwenden. Hierbei sollen sie auch zum kritischen Umgang mit den eigenen Leistungen angehalten werden, indem man sie ihre eigenen Texte sachlich und auf der Grundlage der in den vorangegangenen Übungen erarbeiteten Analysefähigkeiten bewerten lässt.

Im Folgenden werden Übungsmöglichkeiten zur eigenen Textproduktion geboten, die durch Aufgaben aus dem unmittelbaren Erfahrungsbereich der Schülerinnen und Schüler ergänzt werden sollten.

Als Kathrin und Jan ihre Pferde füttern wollten, kam es zu einem Zwischenfall.

**1** Schreibe auf, was Kathrin zu Hause ihren Eltern berichtet, wie es zu dem Schaden am Rad kam.

**2** Der Unfall wäre nicht passiert, wenn der Stein nicht auf dem Weg gelegen hätte. Deshalb wird die Versicherung den Schaden ersetzen müssen. Fertige (anstelle von Kathrins Vater) den Bericht für die Schadensmeldung an die Versicherung an.

Als die Klasse 7c während einer großen Pause wegen zu starken Regens im Klassenraum bleiben musste, geschah das Folgende:

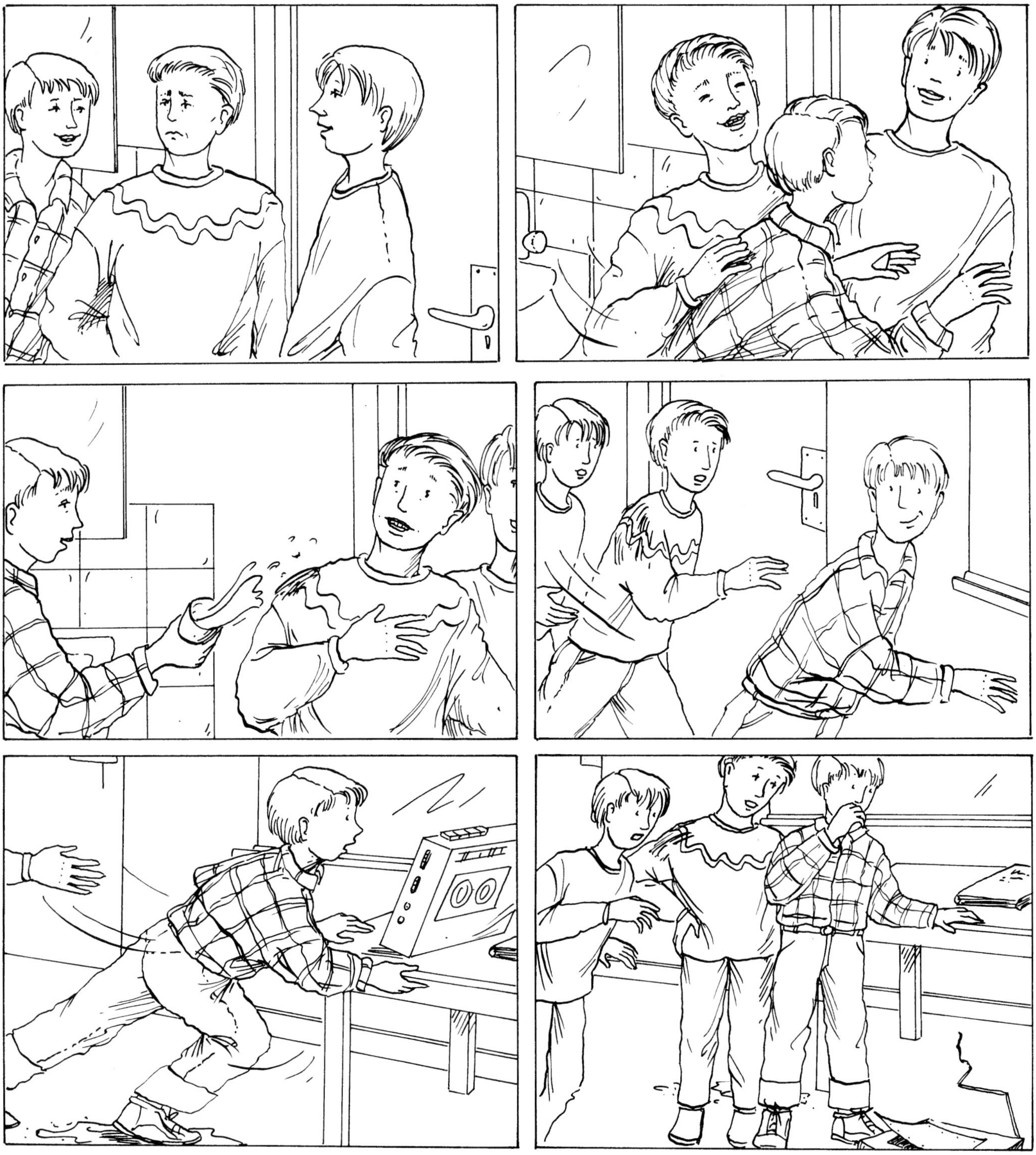

1 ▶ Wie wird der Junge, der den Rekorder vom Tisch gerissen hat, dem Lehrer von dem Ereignis berichten? Schreibe diesen Bericht auf.

2 ▶ Natürlich muss der Lehrer ein Protokoll über den Vorfall schreiben, damit geklärt werden kann, durch wen der Schaden zu ersetzen ist. Schreibe diesen Bericht für das Protokoll.

Hartmut Lange: Wie kann ich das ausdrücken?
© Persen Verlag GmbH, Buxtehude

Am vergangenen Sonnabend ereignete sich in einem Gartenlokal ein Zwischenfall, bei dem ein ziemlich großer Sachschaden entstand.

**1** Die Frau, deren Kleidung beschmutzt wurde, hat nicht gesehen, warum der Kellner stolperte. Sie glaubt, seine Ungeschicktheit sei die Ursache gewesen. Was wird sie dem herbeigeeilten Geschäftsführer berichten? Schreibe diesen Bericht auf.

**2** Außer dir hat niemand genau gesehen, wie es zu diesem Vorfall kommen konnte. Um die Schuldfrage eindeutig klären zu können, sind also der Geschäftsführer und die Versicherung auf dich angewiesen. Schreibe einen möglichst genauen Bericht.

# 4 Beschreiben von Vorgängen und Gegenständen

In den Klassen 5 bis 7 sollte die Arbeit am Beschreiben in erster Linie an Objekten aus dem täglichen Leben der Schülerinnen und Schüler erfolgen, um ihnen bewusst zu machen, dass jedermann zu jeder Zeit in die Lage versetzt werden könnte, etwas zu beschreiben. So kann es z. B. vorkommen, dass man einen verloren gegangenen Gegenstand wiederbekommen möchte oder dass man von anderen um ein bestimmtes Rezept oder eine Bastelanleitung gebeten wird.

Die Schülerinnen und Schüler sollen dabei befähigt werden, unter unterschiedlichen Gesichtspunkten so genau wie erforderlich zu beschreiben. Dabei sollen sie von dem Grundsatz ausgehen, eine Beschreibung ist dann gelungen, wenn der Vorgang von jedem zu jeder Zeit nachvollzogen werden kann, bzw. der Gegenstand von jedem zu jeder Zeit erkannt wird.

Das Erkennen und Benennen der wesentlichen Merkmale von Vorgängen und Gegenständen stellt hohe Anforderungen an die Schülerinnen und Schüler. Sie müssen den Zusammenhang von Allgemeinem und Einzelnem erfassen und verdeutlichen, die Gattungsmerkmale der Vorgänge und Gegenstände herausheben, ihr Wissen aktivieren und vertiefen, um die der Kommunikationsaufgabe entsprechenden Informationen geben zu können.

Die folgenden Übungen sind so gestaltet, dass sie zur Beherrschung wichtiger zum Beschreiben gehöriger Teilaufgaben beitragen und gezielt zur Herausbildung sicherer Handlungskompetenz bezüglich des Beschreibens von Vorgängen und Gegenständen führen.

Die Übungen können aber auch von der Fachlehrerin/dem Fachlehrer punktuell ausgewählt und in das eigene Arbeitskonzept eingefügt werden.

## 4. 1  Die richtige Reihenfolge beim Beschreiben

Den Schülerinnen und Schülern sollte zunächst verdeutlicht werden, dass das, was sie von einem Vorgang oder Gegenstand wissen, zunächst geordnet werden muss. Bei der Beschreibung von Vorgängen ist die Ordnung von der zeitlichen Abfolge des entsprechenden Vorgangs vorgegeben, wodurch die Schülerinnen und Schüler weniger Schwierigkeiten beim Einhalten des Ordnungsprinzips haben. Trotzdem müssen sie auch hier zu einer strikten Einhaltung dieses Prinzips befähigt werden. Sie müssen erkennen, dass ein Rücksprung (wie etwa die Rückblende beim Erzählen) nicht möglich ist, denn dadurch werden vor allem beim Beschreiben von Tätigkeiten (Spiel- und Bastelanleitungen u. Ä.) Irritationen und Missverständnisse erzeugt. Die Schülerinnen und Schüler müssen also lernen, die Teilvorgänge eines Vorgangs genau zu analysieren und sich beim Wiedergeben strikt an die zeitliche Abfolge zu halten.

### 4. 1. 1  Aufgaben zur Reihenfolge bei Vorgangsbeschreibungen

Dieser Aufgabenkomplex enthält eine Reihe diesbezüglicher Übungen, wobei zunächst an einfachen, leicht überschaubaren Vorgängen gearbeitet wird, deren Teilvorgänge stichwortartig aufgelistet sind. Die Schülerinnen und Schüler müssen hier zunächst nur umordnen. In den sich anschließenden Übungen erfolgen dann die Umordnungsaufgaben an komplizierteren Vorgängen, und schließlich sollen Ordnungsübungen an geschlossenen Texten erfolgen.

### 4. 1. 2  Aufgaben zur Reihenfolge bei Gegenstandsbeschreibungen

Der Aufbau einer Gegenstandsbeschreibung ist schwieriger. Hier muss die gedankliche Ordnung für das zusammenhängende Darstellen selbst gefunden werden. Dazu ist es erforderlich, den Schülern intensivere Hilfe beim Finden von Ordnungsprinzipien zu geben.

Grundsätzlich gilt: Als Erstes beschreibt man den Gegenstand in Funktion und Aussehen als Ganzes. Danach werden die einzelnen Teile in Funktion und Aussehen beschrieben. Hierbei gibt es verschiedene Möglichkeiten zur Festlegung der Reihenfolge:

- Bei Gegenständen, bei denen die Funktion besonders herausgearbeitet werden soll (z. B. Maschinen oder Werkzeuge), ordnet man die Teile nach ihrer Wichtigkeit bezüglich ihrer Funktion.

- Bei Gegenständen, bei denen das Aussehen besonders wichtig ist (z. B. Kunst- oder Schmuckgegenstände), ordnet man die Teile nach ihrer Auffälligkeit.

In jedem Fall ist wichtig, dass man immer nur **einem** Ordnungsprinzip folgt.

In diesem Aufgabenkomplex sind unterschiedliche Ordnungsübungen zum Beschreiben von Gegenständen dargestellt. Auch hier wird zunächst von einfachen Umordnungsübungen übersichtlicher Gegenstände ausgegangen, denen dann Ordnungsübungen zu komplizierteren Gegenständen und schließlich an geschlossenen Texten folgen.

Die sich jeweils anschließenden Gestaltungsaufgaben können auch zu einem späteren Zeitpunkt eingesetzt werden.

▶ Die folgenden Teilvorgänge zum Herstellen einer Fruchtkaltschale sind ungeordnet. Bringe sie in die richtige Reihenfolge, indem du die entsprechenden Zahlen in die Kästchen einträgst.

- zum Verfeinern Zitronensaft oder Zitronenschalenaroma hinzufügen ☐

- man benötigt 1 Liter Wasser, 100 g Zucker und 1 Päckchen Fruchtkaltschalenpulver ☐

- das übrige Wasser mit 100 g Zucker (ca. 4 Esslöffel) zum Sieden bringen ☐

- 6 Esslöffel Wasser von 1 Liter abnehmen und mit dem Beutelinhalt verrühren ☐

- die angerührte Masse in das kochende Zuckerwasser gießen und unter ständigem Rühren 3 Minuten kochen lassen ☐

▶ Beschreibe nun den Vorgang zum Herstellen einer Fruchtkaltschale in einem fortlaufenden Text.

_____

_____

_____

_____

_____

_____

_____

_____

_____

_____

_____

_____

_____

_____

_____

Hartmut Lange: Wie kann ich das ausdrücken?
© Persen Verlag GmbH, Buxtehude

**1** Dieser Vorgang ist ziemlich umfangreich. Auch hier stimmen die Teilvorgänge nicht mit dem Ablauf in der Wirklichkeit überein. Bringe sie in die richtige Reihenfolge, indem du die entsprechenden Zahlen in die Kästchen einträgst.

- die schadhafte Stelle mit Gummilösung bestreichen und leicht antrocknen lassen ☐

- das Rad mit dem defekten Reifen ausbauen ☐

- den Flicken aufsetzen, fest andrücken und ungefähr eine Minute so festhalten ☐

- mit Hilfe von Montierhebeln (möglichst aus Plastik) den Fahrradmantel von der Felge heben ☐

- Schlauch aufpumpen und in einer Wasserschüssel prüfen, wo die schadhafte Stelle ist (an dieser Stelle steigen Luftblasen auf), und diese markieren ☐

- Ventil lösen und den Schlauch aus dem Mantel ziehen ☐

- die geflickte Stelle noch etwa 10 Minuten trocknen lassen ☐

- Luft ablassen und den Schlauch trocken reiben (er darf auf keinen Fall noch feucht sein) ☐

- in der Wasserschüssel noch einmal prüfen, ob die geflickte Stelle dicht ist ☐

- den reparierten, trockenen Schlauch wieder einbauen ☐

**2** Beschreibe nun den Vorgang in einem fortlaufenden Text, und zwar so, dass jemand, der noch nie einen Fahrradschlauch geflickt hat, es ohne weitere Hilfe könnte.

_____

_____

_____

_____

_____

_____

_____

_____

_____

_____

_____

_____

**1** Hier sind die Teilschritte einer Spielbeschreibung für „Mensch, ärgere dich nicht". Natürlich entstehen bei dieser Beschreibung viele Missverständnisse, denn die Reihenfolge der Teilschritte entspricht nicht dem wirklichen Spielverlauf. Ordne sie.

- Nun beginnt man, reihum zu würfeln (man wählt dabei am besten den Uhrzeigersinn). ☐

- Jeder Mitspieler nimmt vier Spielfiguren der gleichen Farbe und stellt sie in sein „Wartefeld". ☐

- Sieger ist, wer alle vier Figuren zuerst im Zielfeld hat. ☐

- Wer eine Sechs würfelt, setzt eine Figur aus dem Wartefeld auf den Anfang des Spielfeldes. ☐

- Im Spielfeld rückt man die Figuren entsprechend der gewürfelten Augenzahl vor: ☐

- Wenn man noch keine Figur im Spielfeld hat, darf man dreimal würfeln. ☐

- Kommt man beim Vorrücken auf ein bereits besetztes Feld, darf man die Figur hinauswerfen, d. h., der jeweilige Spieler muss sie ins Wartefeld zurücksetzen. ☐

- Im Zielfeld darf man die eigenen Figuren nicht überspringen, sondern rückt nur durch schrittweises Setzen vor: ☐

- Wurde das Spielfeld einmal durchlaufen, darf man in sein Zielfeld einbiegen. ☐

**2** Schreibe nun anhand der richtig geordneten Teilschritte eine Spielanleitung für das Spiel „Mensch, ärgere dich nicht", die für jeden unmissverständlich und leicht zu begreifen ist.

_____

_____

_____

_____

_____

_____

_____

_____

_____

_____

_____

_____

_____

Hartmut Lange: Wie kann ich das ausdrücken?
© Persen Verlag GmbH, Buxtehude

Hannes möchte auf seiner Geburtstagsfeier mit seinen Gästen ein Spiel durchführen, das er „Was bringt die Zeitung?" nennt. Niemand kennt es und deshalb gibt er zunächst eine kurze Beschreibung.

**1** In seiner Aufregung hat Hannes einiges durcheinandergebracht. Seine Freunde werden bestimmt Schwierigkeiten haben, den Spielablauf richtig zu verstehen. Ordne deshalb die Teilschritte.

- Wir brauchen zu dem Spiel einen Softball und es müssen alle im Kreis sitzen. ☐

- Wer kein „ung"-Wort weiß oder ein bereits genanntes wiederholt, scheidet aus. ☐

- Man muss den Ball fangen und blitzschnell ein Nomen nennen, das auf der Nachsilbe „ung" endet. Dann darf man weiter mitspielen. ☐

- Sieger ist der, der zum Schluss übrig bleibt. ☐

- Angefangen wird damit, dass ein Mitspieler einem anderen den Ball zuwirft und ruft: „Was bringt die Zeitung?" ☐

- Auch wer den Ball nicht fängt, scheidet aus. ☐

- Einem anderen Mitspieler wird nun der Ball mit der Frage „Was bringt die Zeitung?" zugeworfen. Dabei darf man ruhig ein bisschen täuschen, damit er möglichst unverhofft angeflogen kommt. ☐

**2** Hannes' Klasse sollte als Hausaufgabe Sprachspiele aufschreiben, die man dann auch im Unterricht durchführen wollte. Hannes entschied sich für „Was bringt die Zeitung?". Beschreibe an seiner Stelle dieses Spiel.

_____

_____

_____

_____

_____

_____

_____

_____

_____

_____

_____

_____

_____

Ina hatte Tobias zum Mittagessen eingeladen. Es gab Kartoffelpuffer. Die schmeckten Tobias so gut, dass er wissen wollte, in welchem Supermarkt es die gibt. Da musste Ina lachen, denn sie hatte die Kartoffelpuffer nicht gekauft, sondern selbst zubereitet. Selbstverständlich wollte Tobias gleich das Rezept wissen. Das beschrieb ihm Ina auch sofort, noch während sie am Mittagstisch saßen.

Also, zunächst muss man die Kartoffeln reiben. Dazu gibt es extra Reiben. Natürlich müssen die Kartoffeln vorher geschält und gewaschen werden.

In diese geriebene Masse gibt man zwei bis drei Esslöffel Mehl, ein Ei und etwas Salz. Dann wird das Ganze kräftig durchgerührt. Nun gibt man den Teig löffelweise in die Pfanne. Pro Kartoffelpuffer benötigt man ungefähr drei bis vier Esslöffel Teig. Natürlich muss man vorher etwas Bratfett oder Öl in einer Pfanne erhitzt haben. Nun lässt man das Ganze auf beiden Seiten knusprig braun braten. Zum Umdrehen und Herausnehmen der Kartoffelpuffer nimmt man am besten einen Pfannenwender. Ach so, wer die Puffer etwas kräftiger mag, kann auch noch eine kleine Zwiebel mitreiben, bevor er das Mehl unterrührt.

Für vier Personen benötigt man 1,5 Kilogramm Kartoffeln.

**1** Sicherlich hätte Tobias einige Probleme, wenn er nach Inas Beschreibung Kartoffelpuffer backen wollte. Die Reihenfolge stimmt nämlich an einigen Stellen nicht.
Unterteile zunächst die Beschreibung in einzelne Teilschritte und schreibe sie dann in der richtigen Reihenfolge auf.

Man benötigt folgende Zutaten und Geräte:

_____

_____

_____

_____

_____

_____

_____

**2** In der Schülerzeitung veröffentlichen die Mädchen und Jungen auch Rezepte ihrer Lieblingsspeisen. Schreibe an Inas Stelle das Kartoffelpufferrezept für die Schülerzeitung in dein Übungsheft.

Bastian hat sich einzelne Stichpunkte über die Kohlmeise notiert.

**1** Die gewählte Reihenfolge macht es schwer, sich das Aussehen dieses Vogels vorzustellen. Ordne die Punkte neu.

- Als Nahrung dienen Insekten, Insektenlarven und -eier, aber auch ölhaltige Sämereien. ☐

- Die Unterseite ist gelb. ☐

- Sie sind etwa 14 cm groß und somit etwas kleiner als ein Haussperling. ☐

- Die Kohlmeisen gehören zu den bekanntesten und häufigsten Kleinvögeln im deutschen Tiefland. ☐

- Von der Kehle bis zur Brust zieht sich ein schwarzer Längsstreifen. ☐

- Am auffälligsten ist der schwarze Kopf mit den leuchtend weißen Wangen. ☐

- Sie leben bevorzugt in Laub- oder Mischwäldern, in Parks oder auf Friedhöfen. ☐

- Der Rücken ist grünlich gefärbt. ☐

- Ihr Ruf ist ein metallisches „Pink", der Gesang im Frühjahr ähnelt einem „Zizibäh". ☐

**2** Fertige nun anhand der geordneten Stichpunkte eine Beschreibung der Kohlmeise an. Wähle dabei vielfältige Mittel der Satzverknüpfung, um die einzelnen Teile miteinander zu verbinden.

_____

_____

_____

_____

_____

_____

_____

_____

_____

_____

_____

_____

_____

Sandra hat sich aus verschiedenen Nachschlagewerken einzelne Stichpunkte über den Rotfuchs herausgeschrieben:

**1** Um aus diesen Stichpunkten eine Beschreibung anzufertigen, müssen sie erst in eine geordnete Reihenfolge gebracht werden. Löse diese Aufgabe.

- Er hat eine verlängerte spitze Schnauze und große zugespitzte Ohren. ☐

- Der Fuchs ist ein Raubtier und gehört zur Familie der Hunde. ☐

- Er ist in ganz Europa verbreitet und lebt in einsamen dichten Wäldern oder auch in Parks. ☐

- Die Stimme kann man als Keckern, Knurren oder Kläffen bezeichnen. ☐

- Seine Beine sind eher schlank und kurz. ☐

- Der Fuchs ist nachtaktiv und lebt meist als Einzelgänger. ☐

- Die Oberseite seines dichten Felles ist rotbraun, an der Unterseite ist es weiß, manchmal auch grau. ☐

- Der Rotfuchs ist etwa 1,30 m lang und hat eine Schulterhöhe von 40 cm. ☐

- Auffällig ist sein rotbrauner buschiger Schwanz mit einer weißen Spitze. ☐

- Seine Nahrung ist sehr verschiedenartig; neben Mäusen jagt er auch Hasen, Rehkitze oder größere Vögel. Gelegentlich räubert er auch in Hühnerställen. ☐

**2** Fertige nun anhand der geordneten Stichpunkte eine Beschreibung des Rotfuchses an. Achte darauf, dass du möglichst vielfältige Mittel der Satzverknüpfung verwendest.

_____

_____

_____

_____

_____

_____

_____

_____

_____

_____

_____

Hartmut Lange: Wie kann ich das ausdrücken?
© Persen Verlag GmbH, Buxtehude

Dies ist Tills erster Entwurf der Beschreibung eines Discmans.

Der Discman ist ein transportabler CD-Spieler. Weil er nicht sehr groß und auch ziemlich leicht ist, kann man ihn in die Jacken- oder Hosentasche stecken. Somit kann er genutzt werden, wenn man beim Wandern, beim Joggen, bei der Gartenarbeit usw. CDs hören will.
Am vorderen, abgerundeten Ende befinden sich die Tasten und Knöpfe zum Bedienen. Der Discman ähnelt einer sehr flachen Plastikschachtel, deren vordere Seite abgerundet ist. Die Größe beträgt im Allgemeinen 15 bis 17 cm im Durchmesser. Im Deckel befindet sich ein durchsichtiger Ausschnitt, durch den man sehen kann, ob sich die CD dreht oder nicht.
Fast der gesamte obere Teil des Discmans bildet einen Deckel, der geöffnet werden muss, wenn man eine CD einlegen will. Die Bedientasten sind mit Symbolen versehen, die deren Funktionen anzeigen. Im Einzelnen sind das Tasten zum Abspielen, zum Stoppen, zur Titelsuche vorwärts und rückwärts sowie zum Öffnen des Deckels. Genau in der Mitte zwischen den Bedientasten befindet sich ein Display.
Die Anschlüsse für die Kopfhörer und ein Netzteil befinden sich seitlich des Discmans. Da ein Discman auch mit Batterien betrieben werden kann, gibt es ein Batteriefach. Das befindet sich an der Unterseite des Gerätes. Auf dem Display kann man die Nummer und die Laufzeit des jeweiligen Titels ablesen.

▶ 1 Vier Teilbeschreibungen stehen nicht an der richtigen Stelle. Unterstreiche sie.

▶ 2 Beschreibe nun den Discman noch einmal und achte auf die richtige Reihenfolge.

_____

_____

_____

_____

_____

_____

_____

_____

_____

_____

_____

_____

_____

Hier beschreibt Peggy einen Joystick.

Der Joystick ist ein Zubehör für einen Computer, den man bei vielen Computerspielen benötigt. Mit ihm können Spielfiguren und Fahrzeuge bewegt und etliche zusätzliche Aktionen ausgelöst werden.
Er ist aus Kunststoff, etwa 18 bis 20 cm lang und sieht aus wie der Schaltknüppel bei einem Auto.
Durch entsprechende Bewegungen lassen sich bei Rennspielen die Fahrzeuge auf dem Monitor beschleunigen oder abbremsen sowie nach rechts oder links lenken. Bei einem Spiel mit menschenähnlichen Figuren können diese nach oben oder unten bzw. nach rechts oder links bewegt werden.
Dieser „Knüppel" ist so auf einer viereckigen oder runden Konsole befestigt, dass man ihn nach allen Seiten bewegen kann. Die Konsole hat ungefähr einen Durchmesser von 15 cm.
Mit dem sogenannten Feuerknopf kann man z. B. Fußballspieler Bälle schießen lassen oder andere Aktionen auslösen. An der Vorderseite des Knüppels befindet sich ein Hebel, der aussieht wie der Abzug an einer Pistole oder einem Gewehr. Das ist der Feuerknopf.
Wenn man noch weitere Aktionen bei Spielen auslösen will, z. B. Ausfahren von Landeklappen bei Flugzeugen, ein Auto hupen lassen, Bälle nachladen, kann man zusätzliche Feuerknöpfe benutzen. An der Seite des Knüppels und auf der Konsole befindet sich noch jeweils eine rote Taste. Das sind weitere Feuerknöpfe.

▶1  Drei Teilbeschreibungen stehen an der falschen Stelle. Unterstreiche sie.

▶2  Beschreibe nun den Joystick noch einmal in der richtigen Reihenfolge. Dabei solltest du auch einige sprachliche Veränderungen vornehmen.

_____

_____

_____

_____

_____

_____

_____

_____

_____

_____

_____

_____

_____

_____

Hartmut Lange: Wie kann ich das ausdrücken?
© Persen Verlag GmbH, Buxtehude

## 4. 2 Beschreiben entsprechend der Kommunikationsabsicht

Bei der Arbeit am Beschreiben sollen die Schülerinnen und Schüler u. a. zu der Erkenntnis geführt werden, dass man sich auf die **wesentlichen** Merkmale des jeweiligen Vorganges bzw. Gegenstandes konzentrieren muss. Wesentliche Merkmale sind zunächst die, die bei allen Vorgängen oder Gegenständen gleich sind (die Gattungsmerkmale). Dies gilt dann, wenn eine **allgemeine** Beschreibung gefordert wird.

In Abhängigkeit von der Kommunikationssituation können aber auch bestimmte **spezifische** Merkmale die wesentlichen sein. Wenn z. B. ein Gegenstand verloren gegangen ist, muss er unter anderen ähnlichen Gegenständen herausgefunden werden. Auch beim Beschreiben von Vorgängen (z. B. Wegbeschreibung) können die spezifischen Merkmale wesentlich sein.

Diese Übungen sollen den Schülerinnen und Schülern verdeutlichen, dass es auch beim Beschreiben von Vorgängen von der Kommunikationsabsicht und der Kommunikationssituation abhängt, welche Merkmale als wesentlich anzusehen sind.

Die Schülerinnen und Schüler üben, Wesentliches von Unwesentlichem zu unterscheiden, und erkennen, dass die Beschreibungen von gleichen Vorgängen und Gegenständen in Abhängigkeit von Kommunikationsabsicht und -situation ganz verschieden aussehen können.

### 4. 2. 1 Aufgaben zum Erkennen des Wesentlichen in Stichwortlisten

Hierbei arbeiten die Schülerinnen und Schüler zunächst an einzelnen Stichpunkten, von denen sie – je nach Kommunikationssituation – die unwesentlichen aussondern sollen.

### 4. 2. 2 Aufgaben zum Erkennen des Wesentlichen in geschlossenen Texten

Das Aussondern erfolgt an geschlossenen Texten, wodurch eine höhere Anforderung an die Schülerinnen und Schüler gestellt wird: Sie müssen den Text sehr aufmerksam lesen, um die darin „versteckten" unwesentlichen Merkmale zu erkennen.

Florian besitzt einen Husky. Da viele seiner Klassenkameraden von dieser Hunderasse zwar schon gehört haben, aber nicht genau wissen, wie diese Tiere aussehen, haben sie ihn gebeten, den Husky zu beschreiben. Florian hat zunächst einmal Stichpunkte aufgeschrieben.

1. Die korrekte Rassebezeichnung ist „Siberian Husky".

2. Er ist eigentlich ein Schlittenhund.

3. Vom Körperbau ähnelt er einem mittelgroßen Schäferhund, er wird ca. 55 bis 60 cm hoch. Mein Akira ist genau 58,7 cm hoch.

4. Das Fell des Huskys ist dicht und kurz, sodass es schön und pelzartig wirkt.

5. An der Unterseite ist es meist weiß oder hellgrau, die Farbe der Oberseite und der Flanken kann schwarz, grau oder sandfarben in verschiedenen Abtönungen sein. Akira ist auf der Oberseite fast schwarz, während die Flanken wolfsgrau sind.

6. Auch der Kopf ähnelt dem eines Schäferhundes, nur die Schnauze ist etwas kürzer.

7. Die aufrecht stehenden Ohren sind mittelgroß und dreieckig. Bei Akira ist das linke Ohr ein ganz klein wenig kürzer als das rechte.

8. Huskys haben ein sehr ausgeprägtes Gesicht. Ein Grund dafür ist die Färbung des Fells. Während die Stirnpartie die Farbe der Oberseite hat, ist die Schnauze weiß.

9. Auch über den Augen sind weiße Flecken, die wie Augenbrauen wirken.

10. Der andere Grund sind seine schönen, klaren, mandelförmigen Augen, die blau oder bernsteinfarben sein können. Akira hat ein blaues und ein bernsteinfarbenes Auge.

11. Huskys haben eine relativ lange, buschige Rute (Schwanz), ähnlich der eines Fuchses.

12. Diese Hunderasse ist sehr freundlich, sanftmütig und kontaktfreudig und eignet sich deshalb nicht als Wachhund.

13. Akira ist schon mehrmals mit Fremden mitgelaufen, nur weil sie ihn nett angesprochen hatten.

**1** Zur Beschreibung der Hunderasse sind einige dieser Merkmale nicht erforderlich. Schreibe sie heraus.

_____

_____

_____

_____

_____

**2** Fertige nun eine zusammenhängende Beschreibung der Hunderasse „Siberian Husky" an. Schreibe in dein Übungsheft.

Hartmut Lange: Wie kann ich das ausdrücken?
© Persen Verlag GmbH, Buxtehude

Florians Hund ist entlaufen und Florian will eine Suchanzeige aufgeben, in der Akira natürlich auch beschrieben werden muss.

**3** Fertige anhand der Stichwortliste von Arbeitsblatt 58/1 eine neue Liste an, die alle Merkmale enthält, um Akira eindeutig wiederzuerkennen. Wenn es erforderlich ist, kannst du die Stichpunkte auch neu formulieren oder mehrere Punkte zu einem zusammenfassen.

1. _____

2. _____

3. _____

4. _____

5. _____

6. _____

7. _____

**4** Fertige nun Akiras Beschreibung für die Suchanzeige an.

_____

_____

_____

_____

_____

_____

_____

_____

_____

_____

_____

_____

_____

_____

_____

_____

_____

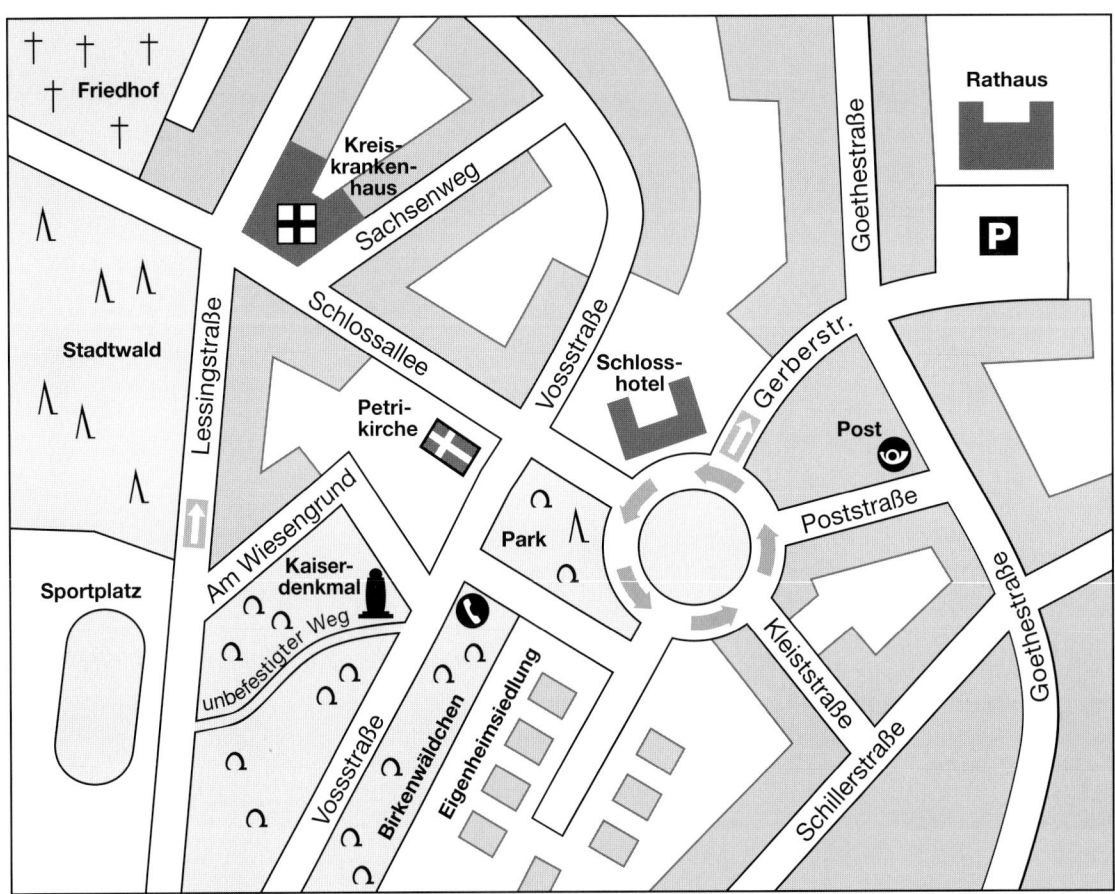

Eine ortsunkundige Autofahrerin möchte vom Parkplatz am Rathaus zum Sportplatz fahren. Hier sind die einzelnen Teilschritte notiert.

1. Man fährt zunächst auf die Goethestraße.

2. Anschließend biegt man rechts in die Poststraße ein und fährt bis zum Kreisverkehr.

3. Den Kreisverkehr verlässt man, indem man in die Schlossallee fährt.

4. Jetzt biegt man links in die Vossstraße ein und fährt bis zur Einmündung der Straße Am Wiesengrund.

5. Nun biegt man nach rechts in die Straße Am Wiesengrund ein, die dann direkt am Sportplatz endet.


Für die Autofahrerin ist es sicherlich schwierig, nach dieser Beschreibung zum Sportplatz zu finden, denn oft sind die Schilder mit den Straßennamen schlecht zu lesen oder überhaupt nicht vorhanden. Bei Wegbeschreibungen werden oft wesentliche Merkmale vergessen, weil dabei nicht bedacht wird, dass Ortsunkundige wichtige Orientierungshilfen brauchen, um sich zurechtzufinden.

▶ Schreibe für die ortsunkundige Autofahrerin die einzelnen Teilschritte noch einmal auf und ergänze wichtige Punkte, an denen sie sich orientieren kann.

1. _____

2. _____

3. _____

4. _____

5. _____

▶ Schreibe nun in einem zusammenhängenden Text auf, wie man vom Parkplatz am Rathaus zum Sportplatz gelangt. Schreibe in dein Übungsheft.

> Ein Ortsfremder möchte wissen, wie man mit dem Auto vom Sachsenweg zur Straße Am Wiesengrund kommt.

▶ Schreibe die Teilschritte stichpunktartig auf. Weise dabei auf wichtige Orientierungspunkte hin.

1. _____

2. _____

3. _____

4. _____

5. _____

> Ein Tourist will zu Fuß vom Schlosshotel zum Rathaus und anschließend die Petrikirche besichtigen.

▶ Schreibe ihm auf, wie er gehen muss. Die Gerberstraße ist zur Zeit wegen Straßenbauarbeiten auch für Fußgänger gesperrt. (Gib ihm Hilfen, an denen er sich orientieren kann.) Schreibe in dein Übungsheft.

Manuel hatte die Aufgabe, ein Mobiltelefon (Handy) so zu beschreiben, dass die Beschreibung auch als Bedienungsanleitung genutzt werden kann.

Das Handy ist ein kleines, tragbares Telefon, mit dem man überall telefonieren kann, ohne einen Telefonanschluss zu benötigen. Aber man kann damit auch kurze schriftliche Nachrichten (SMS) senden oder empfangen.

Im Allgemeinen ähnelt das Handy dem Hörer eines normalen Telefonapparates, nur dass es deutlich kleiner ist. Durchschnittlich ist es 4,5 cm breit und 10 bis 13 cm hoch und besitzt ein Kunststoffgehäuse, das bei mir an der Oberseite dunkelblau und an der Unterseite schwarz ist. Bei meinem Handy ist noch auffällig, dass es leicht geschwungen ist, wenn man es von der Seite betrachtet.

Bei meinem Handy ist am oberen Ende eine kleine Antenne zu sehen. Es gibt aber auch Geräte, deren Antennen sich im Inneren des Gehäuses befinden.

Die Seite, auf der sich Hör- und Sprechmuschel befinden, ist auch gleichzeitig die Bedienseite. Im oberen Drittel dieser Seite befindet sich ein ca. 2 cm mal 3 cm großes Display, auf dem die Telefonnummern oder die Texte der schriftlichen Nachrichten (SMS) gelesen werden können. Auf meinem Display sind zwei senkrechte Kratzer, weil mir das Handy einmal heruntergefallen ist.

Darunter befindet sich ein Tastenfeld. Da sind zunächst einmal die Tasten zum Ein- und Ausschalten. Man erkennt sie daran, dass sie mit einem grünen bzw. roten Telefonhörer bedruckt sind. An meinem Handy ist der rote Telefonhörer schon etwas abgekratzt. Dazwischen befindet sich eine etwas größere Taste zum Aufrufen des Menüs, d. h., hier stellt man ein, ob man eine Telefonnummer direkt wählen oder aus dem Speicher abrufen will, ob man eine SMS verschicken will usw.

Unterhalb dieser drei Funktionstasten sind die Nummerntasten und die Wahlwiederholungstaste angeordnet. Auf den Nummerntasten sind außerdem noch Buchstaben zu sehen, denn mit ihnen gibt man den Text für die SMS-Nachrichten ein. Auf meinem Handy sind alle Tasten oval, dabei ist die Menütaste etwa doppelt so groß wie die Nummerntasten.

An einer der Schmalseiten des Handys befindet sich eine Buchse zum Anschluss des Ladegerätes.

Eine Auffälligkeit an meinem Handy ist noch, dass an der Rückseite ein kleines Metallplättchen angeklebt ist, damit man es an einer Handyhalterung im Auto befestigen kann.

Hartmut Lange: Wie kann ich das ausdrücken?
© Persen Verlag GmbH, Buxtehude

**1** In der Handybeschreibung (Arbeitsblatt 60/1) finden sich Angaben, die für die Beschreibung, wie ein Handy im Allgemeinen aussieht, unwesentlich sind. Welche sind das? Schreibe sie heraus.

1. _____

2. _____

3. _____

4. _____

5. _____

6. _____

Wenn Manuel sein Handy verliert und eine Suchanzeige aufgeben will, werden die bei Aufgabe 1 herausgeschriebenen Angaben wesentlich. Dafür werden aber andere Angaben aus dem Text unwesentlich.

**2** Schreibe nun die Suchanzeige und überlege, welche Angaben hierfür notwendig bzw. nicht notwendig sind.

_____

_____

_____

_____

_____

_____

_____

_____

_____

_____

_____

_____

Auf der Geburtstagsparty von Theresa gab es Marmorkuchen, den sie selbst gebacken hatte. Er schmeckte ihren Gästen sehr gut, sodass sie um das Rezept gebeten wurde. Hier ihre Beschreibung:

Man benötigt folgende Zutaten: 250 g Margarine, aber keine Frühstücksmargarine nehmen, 400 g Mehl (Ich habe das von der Firma „Brillant" genommen), 100 g Stärkemehl, 200 g Zucker, 4 Eier, 1 Päckchen Vanillezucker, 1 Päckchen Backpulver, 8 Esslöffel Milch, 50 g Kakao, 1 Prise Salz und Semmelbrösel.

Als Erstes habe ich die weiche Margarine in die blaue Plastikschüssel getan, die Mutti auch immer zum Kuchenbacken nimmt. Mit dem Handmixer wurde die Margarine dann schaumig gerührt und mit dem Zucker, dem Vanillezucker und der Prise Salz vermischt.

Anschließend habe ich nach und nach die Eier, das Backpulver, das Mehl und das Stärkemehl dazugegeben. Um den Teig schön geschmeidig zu halten, habe ich löffelweise die Milch hinzugefügt.

Nachdem ich alles noch einmal kräftig durchgerührt hatte, wurde eine Hälfte des Teigs in unsere gelbe Rührschüssel gegeben und mit dem Kakao zusammengemixt.

Dann habe ich mir Omas alte Napfkuchenform geliehen, weil Mutti ihre neue nicht finden konnte. Ich musste sie dann innen einfetten und mit Semmelbröseln ausstreuen, bevor ich die beiden Teigsorten eingefüllt habe. Zuerst kam der Teig ohne Kakao in die Form und darauf habe ich dann den mit Kakao getan, damit sie sich beim Backen schön mischen.

Schließlich brauchte ich das Ganze nur noch bei Mittelhitze eine Stunde lang backen.

Nach dem Erkalten habe ich den fertigen Kuchen auf einen Kuchenteller getan und mit Puderzucker bestreut.

**1** Wenn Theresas Gäste das Rezept ausprobieren möchten, sind einige Angaben in der Beschreibung unwesentlich. Unterstreiche sie dünn mit Bleistift.

**2** Wenn das Rezept in der Schülerzeitung veröffentlicht werden soll, müssen in sprachlicher Hinsicht grundsätzlich zwei Dinge geändert werden. Welche?

1. _____

2. _____

**3** Schreibe nun das Rezept so auf, dass es veröffentlicht werden könnte. Schreibe in dein Übungsheft.

Hartmut Lange: Wie kann ich das ausdrücken?
© Persen Verlag GmbH, Buxtehude

## 4. 3  Der Zusammenhang zwischen Grammatik und Stil

Das Beschreiben von Vorgängen und Gegenständen stellt auch hohe **sprachliche** Anforderungen an die Schülerinnen und Schüler. Fundierte Kenntnisse aus unterschiedlichen grammatischen Bereichen sind erforderlich, um die Kommunikationsaufgaben klar und unmissverständlich zu lösen.

### 4. 3. 1  Aufgaben zur Verwendung von Fachbegriffen

Bei der Beschreibung von Gegenständen sollten möglichst Fachbegriffe verwendet werden. Hierzu sind solide Wortschatz- und Begriffskenntnisse erforderlich.

### 4. 3. 2  Aufgaben zur Textverknüpfung

Einzelne Teilvorgänge und der Zusammenhang zwischen den einzelnen Teilen eines Gegenstandes sollen unter Nutzung verschiedener Möglichkeiten der Satzverknüpfung deutlich gemacht werden.

### 4. 3. 3  Aufgaben zur Verwendung des Passivs

Da bei der Beschreibung von Vorgängen nicht der Handelnde wichtig ist, sondern die Handlung selbst, sollte das Passiv als Mittel der unpersönlichen Ausdrucksweise benutzt werden.

### 4. 3. 4  Aufgaben zur richtigen Verwendung der Zeitformen

Die Schülerinnen und Schüler sollen lernen, beim Beschreiben die Zeitform des Präsens anzuwenden, weil die Beschreibung immerwährende Gültigkeit hat. Sollen innerhalb der Beschreibung abgeschlossene Geschehen oder Vorzeitigkeit dargestellt werden, ist das Perfekt zu verwenden.

Die folgenden Übungen sollen die Schülerinnen und Schüler zu der Erkenntnis führen, dass in den o. g. Bereichen ein enger Zusammenhang zwischen grammatischem Wissen und der Lösung der Kommunikationsaufgabe „Beschreiben" besteht. Sie werden befähigt, dieses Wissen gezielt einzusetzen, wobei sie dadurch auch motiviert werden, Grammatikkenntnisse zielgerichtet zu erwerben.

Der Einsatz der Übungen kann an verschiedenen Stellen bei der Arbeit am Beschreiben erfolgen. Selbstverständlich können diese Übungen auch bei der Behandlung des jeweiligen Schwerpunktes im Grammatikunterricht verwendet werden. Dadurch kann von vornherein der funktionale Aspekt der Grammatik betont werden.

▶ Ersetze die fett gedruckten Verben zur Bezeichnung von Tätigkeiten durch präzisere Fachbegriffe.

1. In die zerlassene Butter werden nun die Eier und der Zucker **getan**. Zum Schluss **tut** man löffelweise das Mehl dazu.

2. Zunächst **schmiert** man etwas Klebstoff auf die eine Seite des Papiers. Nach dem Trocknen muss man auch noch die Unterseite mit Kleber **beschmieren**.

3. Als Erstes muss man die Muttern am Vorderrad **losmachen**. Anschließend **macht** man den Fahrradmantel und den Schlauch von der Felge **herunter**.

4. An der Kreuzung **geht** der linke Weg zum Krankenhaus. Der rechte Weg **geht** bis zum Stadtwald und dort ist er dann zu Ende.

5. Bevor man beginnen kann, **braucht** man die folgenden Zutaten … Außerdem **braucht** man eine Rührschüssel und einen Handmixer.

6. Wenn man am Computer arbeitet, muss man regelmäßig die Daten **festhalten**, damit sie nicht verloren gehen.

7. Man **macht** sich als Erstes zwei Brettchen von 10 cm Breite und 20 cm Länge zurecht. Danach **macht** man in der Mitte von jedem Brettchen ein Loch.

| Satz Nr.: | ursprünglicher Ausdruck: | Fachbegriff: |
|---|---|---|
| | | |
| | | |
| | | |
| | | |
| | | |
| | | |
| | | |

Hartmut Lange: Wie kann ich das ausdrücken?
© Persen Verlag GmbH, Buxtehude

Hier sind die Bezeichnungen für Gegenstände, Vorgänge oder Eigenschaften nicht präzise genug bezeichnet worden. Ersetze sie durch Fachbegriffe.

1. Ein besonders auffälliges Merkmal des Rotfuchses ist sein buschiger **Schwanz**.

2. Beim Handy können die **Knöpfe mit den Zahlen** auch zum Verfassen von SMS verwendet werden.

3. Jeder Teilnehmer bekommt vier **Männchen** der gleichen Farbe, die er zunächst ins Startfeld setzt.

4. Der Teig muss so lange gerührt werden, bis er schön **pampig** ist.

5. Meine Armbanduhr hat am oberen Ende ein kleines gerilltes **Metallding**, an dem man sie aufziehen kann.

6. Mit einer kurzen **Bewegung** des Schlüssels **nach rechts** lässt sich der Tresor leicht verschließen.

7. **Die Federn** der Kohlmeise sind ziemlich auffällig.

8. Alle modernen Autos haben einen Fahrerairbag im **Steuer**.

9. Die **Kästen mit den Lautsprechern** werden am Verstärker angeschlossen.

| Satz Nr.: | ursprünglicher Ausdruck: | Fachbegriff: |
|---|---|---|
|  |  |  |
|  |  |  |
|  |  |  |
|  |  |  |
|  |  |  |
|  |  |  |
|  |  |  |
|  |  |  |
|  |  |  |

▶ Bezeichne die entsprechenden Fahrradteile mit Fachbegriffen.

**?** Pedal – Dynamo – Nabe – Schutzblech – Felge – Ventil – Kettenschutz – Mantel – Rahmen – Scheinwerfer – Fahrradglocke – Speiche – Rücklicht – Satteltasche – Kette – Sattel

1 _____

2 _____

3 _____

4 _____

5 _____

6 _____

7 _____

8 _____

9 _____

10 _____

11 _____

12 _____

13 _____

14 _____

15 _____

16 _____

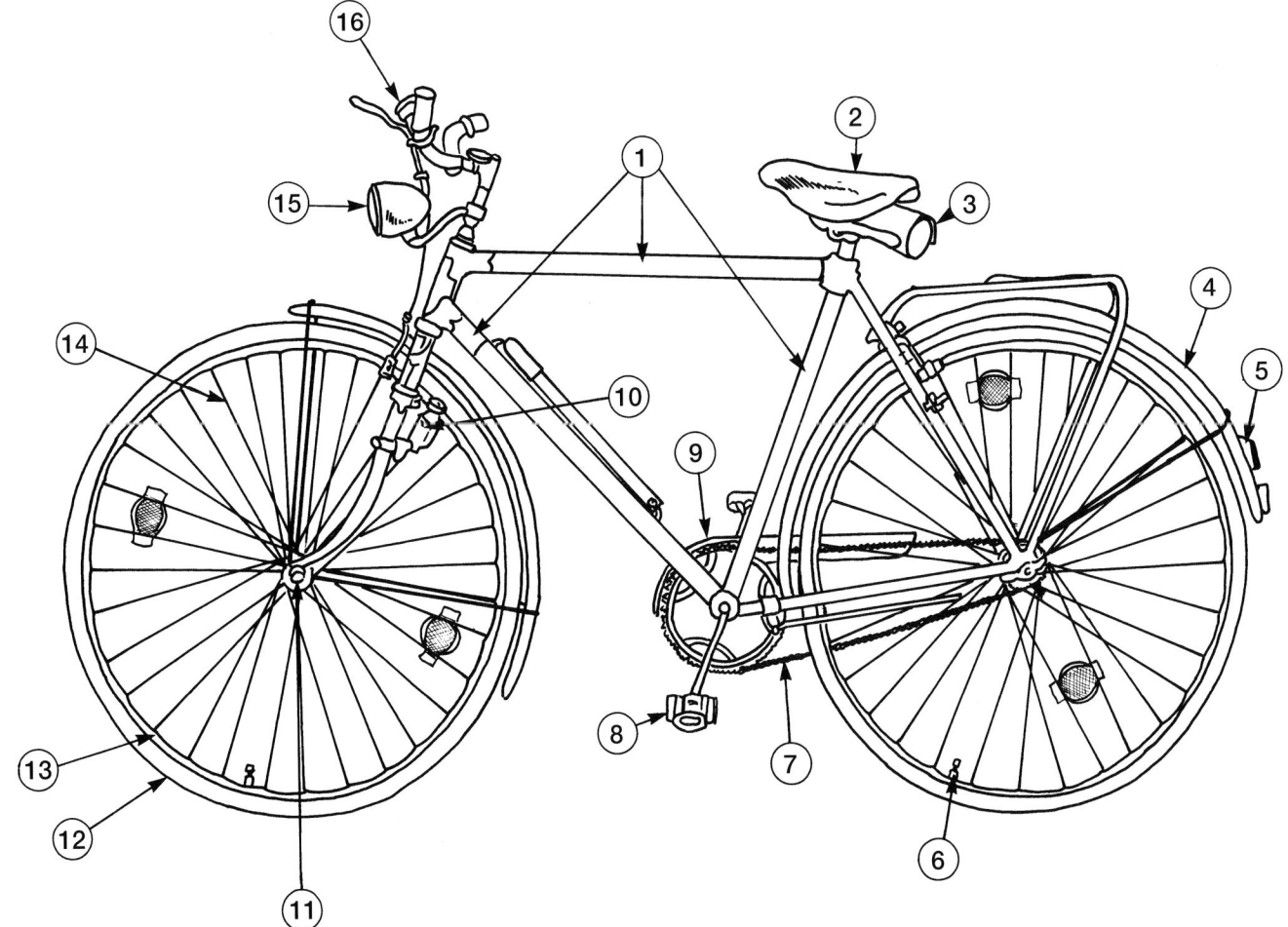

BESCHREIBEN VON VORGÄNGEN UND GEGENSTÄNDEN

Hartmut Lange: Wie kann ich das ausdrücken?
© Persen Verlag GmbH, Buxtehude

Nicht immer gelingt es, Texte so miteinander zu verknüpfen, dass **Wortwiederholungen** möglichst vermieden werden. Man kann aber Wiederholungen z. B. dadurch vermeiden, dass man für den gleichen Ausdruck eine **andere Wortart** verwendet.

▶ Verwende Adverbien statt der gekennzeichneten Wortgruppen mit Nomen.

**Beispiel:**

| In die Mitte des Spielfeldes legt man den Kartenstapel. **Von diesem Kartenstapel** nimmt jeder Spieler, der eine Sechs gewürfelt hat, eine Karte auf. | In die Mitte des Spielfeldes legt man den Kartenstapel. **Davon** nimmt jeder Spieler, der eine Sechs gewürfelt hat, eine Karte auf. |
| --- | --- |

1. Das Kuchenblech schiebt man in die Backröhre des Herdes. **In der Backröhre** muss der Kuchen nun bei Mittelhitze eine Stunde backen.

2. Jeder Spieler bekommt vier Figuren. **Mit diesen Figuren** muss man jetzt das Spielfeld jeweils einmal umrunden.

3. Man lässt den Kuchen eine Stunde im Herd backen. **Nach dieser Stunde** nimmt man ihn heraus und stellt ihn an einen kühlen Ort.

4. Zum Zerkleinern der gekochten Kartoffeln benutzt man einen Kartoffelstampfer. **Mit diesem Kartoffelstampfer** zerdrückt man diese dann zu einer breiigen Masse.

5. Man muss vorsichtig sein, denn der Herd kann eine ziemlich starke Hitze entwickeln. **Wegen dieser Hitze** sollte man beim Herausnehmen des Auflaufes Topflappen oder -handschuhe benutzen.

6. In den großen Ferien haben wir jeden Tag im Baggersee gebadet. **Im Baggersee** gibt es leider viele Blutegel.

| Satz Nr.: | ursprünglicher Ausdruck: | Adverb: |
| --- | --- | --- |
|  |  |  |
|  |  |  |
|  |  |  |
|  |  |  |
|  |  |  |
|  |  |  |

Ersetze die Nomen durch Pronomen. Achte dabei immer auf den richtigen Kasus (Fall).

**Beispiel:**

| Die Ohren des Feldhasen sind sehr lang. Wenn der Hase **die Ohren** aufstellt, kann er seine Feinde schon von Weitem hören. | Die Ohren des Feldhasen sind sehr lang. Wenn der Hase **sie** aufstellt, kann er seine Feinde schon von Weitem hören. |
|---|---|

1. Auf der Vorderseite des Handys befindet sich eine Tastatur. Mit **der Tastatur** kann man auch eine SMS schreiben.

2. Nach der Reparatur überprüft man noch einmal, ob der Schlauch dicht ist. Danach kann man **den Schlauch** wieder auf die Felge ziehen.

3. Zwischen den beiden Maustasten befindet sich ein Rädchen. Man benutzt **dieses Rädchen,** um die Seiten nach oben oder unten zu verschieben. Man nennt das „Scrollen".

4. Zum Schluss ergänzt man den Salat noch mit etwas Dill. Das gibt **dem Salat** einen frischen, würzigen Geschmack.

5. Zwischen den Bedientasten befindet sich ein Display. Auf **dem Display** erscheint die Nummer des Titels, der gerade läuft, und die bereits gespielte Zeit.

6. Mit einigen Computern kann man auch DVDs abspielen. Für **die DVDs** gibt es dann ein gesondertes Laufwerk.

7. Die Apfelbäume sind schon sehr alt. Man kann auf **den Apfelbäumen** gut herumklettern.

| Satz Nr.: | ursprünglicher Ausdruck: | Pronomen: |
|---|---|---|
|  |  |  |
|  |  |  |
|  |  |  |
|  |  |  |
|  |  |  |
|  |  |  |
|  |  |  |

Hartmut Lange: Wie kann ich das ausdrücken?
© Persen Verlag GmbH, Buxtehude

Da Beschreibungen immer von allgemeiner Gültigkeit sind, sollte man hierbei die unpersönliche Ausdrucksweise verwenden. Eine Form ist das **Passiv**.

▶ **Wandele die folgenden Sätze ins Passiv um.**

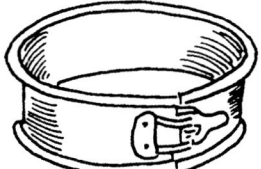

1. Zuerst reinige ich die defekte Stelle.

2. Mit dem Handmixer rühren wir die Butter schaumig.

3. Ich fette die Kuchenform von innen ein und streue sie mit Semmelbröseln aus.

4. Du nimmst zuerst ein Blatt Zeichenkarton, dann markierst du darauf die Umrisse einer Rose.

5. Nach dem Erkalten nehme ich den Kuchen aus der Form und bestreue ihn mit Puderzucker.

6. Zuerst schäle und wasche ich ca. 800 g Kartoffeln, anschließend reibe ich sie.

7. Nachdem man die Karten gemischt hat, legt man sie als Stapel auf den Tisch.

1. _____

   _____

2. _____

   _____

3. _____

   _____

4. _____

   _____

5. _____

   _____

6. _____

   _____

7. _____

   _____

▶ **Wandle die folgenden Sätze ins Passiv um. Achte dabei auf die unterschiedlichen Zeitformen.**

1. Nachdem wir den Teig geteilt haben, fügen wir der einen Hälfte etwas Kakao zu.

2. Wenn ich den Schlauch repariert habe, überprüfe ich noch einmal, ob er dicht ist.

3. Wenn wir die Spielregeln festgelegt haben, wählen wir die Mannschaften.

4. Ich schneide die Figuren aus, nachdem ich vorher ihre Umrisse aufs Papier gezeichnet habe.

5. Erst wenn wir den Computer vorschriftsmäßig heruntergefahren haben, schalten wir ihn aus.

6. Wenn wir das Obst gründlich gewaschen haben, zerschneiden wir es in kleine Würfel.

7. Ich gieße den Tee durch ein Sieb, nachdem ich ihn fünf Minuten habe ziehen lassen.

1. _____

   _____

2. _____

   _____

3. _____

   _____

4. _____

   _____

5. _____

   _____

6. _____

   _____

7. _____

   _____

Hartmut Lange: Wie kann ich das ausdrücken?
© Persen Verlag GmbH, Buxtehude

Da das in Beschreibungen Ausgesagte immer gültig ist, muss man auch die **Zeitformen** so wählen, dass dies deutlich wird.

Das sind die Zeitformen **Präsens** und **Perfekt**.

Das **Perfekt** spielt vor allem bei Vorgangsbeschreibungen eine wichtige Rolle, weil man damit die **zeitliche Reihenfolge** einzelner Teilschritte verdeutlichen kann. Wenn der Leser z. B. erkennen soll, dass ein Teilschritt erst durchgeführt werden kann, wenn ein anderer abgeschlossen ist, setzt man den abgeschlossenen ins Perfekt.

▶  **Setze die Verben in der richtigen Zeitform in die Lücken.**

1.  Nachdem man die Pilze _____ (putzen und waschen),

    schneidet man sie in dünne Scheiben.

2.  Derjenige, der zuerst eine Sechs _____ (würfeln), darf das Spiel eröffnen.

3.  Wenn der Kuchen abgekühlt ist, _____ er mit Puderzucker _____ (bestreuen).

4.  Wer die richtige Antwort _____ (wissen), bekommt einen Punkt und darf

    weiter mitspielen.

5.  Nachdem man die Fenster mit einem feuchten Lappen _____ (säubern), reibt

    man sie mit einem Küchentuch trocken.

6.  Bevor der Computer _____ (ausschalten), muss man ihn

    heruntergefahren haben.

7.  Nachdem man das Schreibprogramm _____ (installieren), wird

    überprüft, ob es tatsächlich funktioniert.

8.  Wenn man die Telefonkarte in den dafür vorgesehenen Schlitz geschoben hat, _____ die

    gewünschte Nummer _____ (wählen).

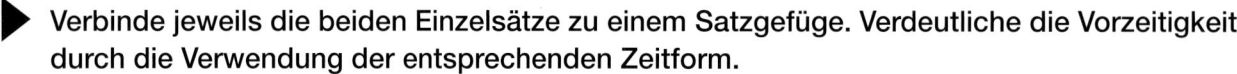 Verbinde jeweils die beiden Einzelsätze zu einem Satzgefüge. Verdeutliche die Vorzeitigkeit durch die Verwendung der entsprechenden Zeitform.

1. Man öffnet den Deckel der Kamera. Dann legt man die Filmpatrone in das dafür vorgesehene Fach.

2. Man schiebt die Reinigungskassette in den Videorekorder. Dann drückt man die Wiedergabetaste.

3. Zuerst schneidet man das Obst in kleine Würfel. Danach wird es mit Zucker und Zitronensaft gemischt.

4. Man verbindet das Fernsehgerät und den Videorekorder mit einem Scartkabel. Anschließend wird am Fernseher der Videokanal (AV) eingestellt.

5. Man legt zunächst einen Spielleiter fest. Dann werden die Karten ausgeteilt.

6. Man zerlegt den Füllhalter in seine Einzelteile. Diese werden anschließend mit lauwarmem Wasser abgespült.

7. Man klickt das Startmenü an. Dann werden alle auf diesem Computer verfügbaren Programme angezeigt.

1. _____

_____

2. _____

_____

3. _____

_____

4. _____

_____

5. _____

_____

6. _____

_____

7. _____

_____

Hartmut Lange: Wie kann ich das ausdrücken?
© Persen Verlag GmbH, Buxtehude

# Lösungen/Lösungsvorschläge

**11** ▶① 1. wodurch, 2. obwohl, 3. denn, 4. aber, 5. sodass.

▶② 1. aber, 2. Obwohl, 3. denn, 4. doch/aber, 5. obwohl, 6. denn, 7. sondern, 8. doch/aber.

**12** 1. Sie nimmt den Höhepunkt vorweg. In der Einleitung steht schon, wie die Geschichte ausgeht.

2. Sie verstößt gegen das Prinzip der steigenden Spannung. (Rotkäppchen wusste vorher nicht, dass der Wolf böse ist.)

3. Das Frage-Antwort-Element „Ei, Großmutter, was hast du denn für …" fehlt.

**13** 1. Er nimmt den Höhepunkt vorweg. In der Einleitung steht schon, wie die Geschichte ausgeht.

2. Die Wünsche werden nicht nacheinander genannt. (Spannungssteigerung fehlt.)

3. Der letzte Wunsch (der eigentliche Höhepunkt) wird zweimal genannt; dadurch geht seine Wirkung verloren.

**14** A 11, B 1, C 9, D 2, E 6, F 10, G 3, H 5, I 4, J 7, K 8.

**15** A 9, B 2, C 1, D 3, E 6, F 4, G 7, H 5, I 8.

**16** A 3, B 1, C 4, D 2, E 5, F 7, G 9, H 6, I 8.

**17** 1. Zeile 6 (lesen), 2. Zeile 3 (gehen), 3. Zeile 7 (nicht), 4. Zeile 13 (Schaben), 5. Zeile 11 (geweckt), 6. Zeile 15 (entfernte), 7. Zeile 15 (Fenster).

**18** 1. Zeile 7 (springen), 2. Zeile 3 (mit), 3. Zeile 12 (unten), 4. und 5. Zeile 12 (vorn), 6. Zeile 13 (wollen), 7. Zeile 14 (zu).

**19** 1. Zeile 13 (zurück), 2. Zeile 5 (Igels), 3. Zeile 7 (könnt), 4. Zeile 9 (Hause), 5. Zeile 11 (miteinander), 6. und 7. Zeile 14 (konnte).

**62** 1. tun → geben, 2. schmieren → auftragen, 3. losmachen → lösen, heruntermachen → ziehen, 4. gehen → führen, 5. brauchen → benötigen, 6. festhalten → speichern/sichern, 7. machen → sägen, bohren.

**63** 1. Rute, 2. Tasten, 3. Spielfiguren, 4. sämig, 5. Rädchen, 6. Rechtsdrehung, 7. Das Gefieder, 8. Lenkrad, 9. Lautsprecherboxen.

**64** 1. Rahmen, 2. Sattel, 3. Satteltasche, 4. Schutzblech, 5. Rücklicht, 6. Ventil, 7. Kette, 8. Pedal, 9. Kettenschutz, 10. Dynamo, 11. Nabe, 12. Mantel, 13. Felge, 14. Speiche, 15. Scheinwerfer, 16. Fahrradglocke.

# Literaturverzeichnis

**Kliche, Dieter:** Wörterbuch für den Deutschunterricht: Begriffe und Definitionen. Berlin: Volk und Wissen Verlag 1996

**Conrad, Rudi (Hrsg.):** Lexikon sprachwissenschaftlicher Termini. Leipzig: Bibliographisches Institut 1985

**Schwarz, Jürgen:** Aufsatz schreiben lernen. Lichtenau: AOL Verlag 2001

# Deutsch üben – leicht gemacht!

# Sprache und Literatur neu entdecken!